可持续投资：
个人投资者视角

徐步 许权译 段晴阳 著

WUHAN UNIVERSITY PRESS
武汉大学出版社

图书在版编目(CIP)数据

可持续投资:个人投资者视角/徐步,许权译,段晴阳著.—武汉:
武汉大学出版社,2023.12(2024.12 重印)
ISBN 978-7-307-24199-2

Ⅰ.可…　Ⅱ.①徐…　②许…　③段…　Ⅲ.投资—研究
Ⅳ.F830.59

中国国家版本馆 CIP 数据核字(2023)第 247035 号

责任编辑:胡　荣　　　责任校对:李孟潇　　　版式设计:韩闻锦

出版发行：**武汉大学出版社**　　(430072　武昌　珞珈山)
(电子邮箱:cbs22@ whu.edu.cn　网址:www.wdp.com.cn)
印刷:湖北云景数字印刷有限公司
开本:720×1000　　1/16　　印张:8.75　　字数:133 千字　　插页:1
版次:2023 年 12 月第 1 版　　2024 年 12 月第 2 次印刷
ISBN 978-7-307-24199-2　　定价:45.00 元

前　　言

近年来，在"双碳"目标的推动下，可持续发展理念不断深入人心，越来越多的投资者开始关注和参与可持续投资。在这个日益关注环境和社会问题的时代，投资不再仅仅是为了追求财富增长，而是体现出更广泛、更深刻的责任与机遇，投资者们越来越认识到其投资决策对生态环境与经济社会可持续发展的影响力。在此背景下，本书旨在帮助广大个人投资者理解可持续投资的含义及作用，进而提供可持续投资的理论分析和实践指引。

本书的主线按以下顺序展开：首先，对于可持续投资进行概述，梳理可持续投资的多维度含义；其次，揭示可持续投资在不同方面产生的影响，帮助投资者理解为什么要进行可持续投资；再次，阐述可持续投资的建仓战略和调仓战术，为投资者提供可持续投资的方案策略设计指引；最后，提示可持续投资实践过程中需要关注和跟踪的要点并提供建议，帮助投资者更好地践行可持续投资，实现投资目标。

本书在第一章中具体探讨了可持续投资的概念，影响可持续投资发展的主要因素，以及可持续投资面临的问题与挑战。首先，我们通过多个维度解析可持续投资的概念，帮助个人投资者全面理解可持续投资的含义。其次，我们基于政策制度、自然环境和投资者三个方面阐述了影响可持续投资的主要因素。最后，我们依次围绕成本效益权衡、数据和信息质量、投资产品宣传、绿色产业发展以及资金流向来分析可持续投资所面临的主要问题及挑战。

在第二章中，本书依次介绍了可持续投资在市场、企业和社会方面产生的效应。首先，我们从资金流向、资源配置效率和投资者三个角度突出可持续投资对市场的影响；其次，我们依次从盈余持续性、企业品牌形象、创新与竞争优势、供应链、风险承担水平、环境与资源风险管理、公司治理、融资成本以及社会责任的角度阐述可持续投资对企业发展的影响；最后，我们从劳动力市场和社会稳定性的角度突出可持续投资对于社会可持续发展的重要性。这些方面的阐述有助于投资者综合理解可持续投资带来的益处。

在树立可持续投资理念后，我们在第三章提供了构建多样化的投资组合，设计可持续投资方案与策略的思路指引。首先，我们将介绍典型的可持续投资资产种类，包括绿色股票、可持续债券、可持续基金及 ESG 银行理财，以帮助个人投资者了解常见的可持续投资工具种类。其次，我们依次从宏观政策、可持续投资策略以及 ESG 分析指标的角度为投资者提供可持续投资建仓战略指引，帮助投资者在建仓前对可持续投资胸有成竹。最后，我们基于跟踪 ESG 指标、关注外部不确定性以及定期筛选这三个角度来阐述调仓战术，帮助个人投资者在建仓后能够更好地应对各类变化，从而有效实现投资目标。此外，我们依次探讨了不同类型的投资者，包括对 ESG 的关心程度不同、对 ESG 表现的偏好不同、对 ESG 风险的偏好不同、参与公司治理的程度不同、对股票基本面的跟踪时间不同以及多元化持仓程度不同的投资者所对应的不同效果。投资者可以参考不同类型对应的不同投资效果来辅助投资决策，以实现符合自身偏好的投资目标。

本书在第四章给投资者提供了可持续投资实践过程中的要点提示和相关建议。我们将依次探讨在 ESG 评级、投资标的、市场环境、投资者自身以及信息与技术方面的关注要点。在 ESG 评级方面，个人投资者需要注意 ESG 评级的可靠性、ESG 评级的分歧以及评级可能带来的两难选择问题；在投资标的方面，需注意风格漂移、漂绿、碳信息披露"言过其实"以及共同机构持股可能带来的潜在风险；在市场环境方面，需注意市场泡沫以及外部不确定性；在投资者自身层面，需要注意投资者通常会出现的过度自信和处置效应，谨慎考虑财富与道德的权衡问题；此外，我们从信息与技术的角度为投资者提供了改进可持续投资效果的建议。本章的介绍有助于个人投资者认识和管理投资过程面临的风险，更好地将可持续投资进行下去。

我们衷心期望，读者通过阅读这本书，能够全面深入地理解可持续投资的理念、策略和实践，激发对这一备受关注领域的热情，为我国的绿色发展、低碳经济和社会进步不断奋斗，为创造一个更加美好的地球家园贡献力量。

目　　录

第一章　可持续投资概述

第一节　什么是可持续投资

一、可持续投资的概念

可持续投资是一种在选择和管理投资组合时考虑环境、社会和治理（ESG）因素的投资方法（Avramov 等，2022；Zerbib，2022）。起初这种投资方法通过在社会责任投资（SRI）方面实施负面筛选而广受欢迎，但其近年来包含的范围显著扩大（Pástor 等，2021）。可持续投资已占美国资产管理总额（AUM）的四分之一以上，占欧洲资产管理总额的一半以上（Zerbib，2022），着眼于可持续性的资产管理已经增长到数万亿美元，且进一步增长的态势明显（Pástor 等，2021）。ESG 一方面强调企业不仅要关注利润等财务绩效，还要重视环境保护、履行社会责任和提升公司治理水平；另一方面，ESG 能够帮助投资者评估企业经营可持续性，进而作出更明智的投资决策（毛其淋和王玥清，2023）。本书将基于 ESG 分析框架对可持续投资展开介绍。

"E"指 Environment（环境）。环境因素主要强调保护环境系统的稳定性。近年来日益突出的环境风险引起了全世界的担忧，其中气候变化是当前所面临最棘手的问题（CFA Institute，2023）。可持续投资强调保护生态系统的稳定性。为此，全球采取气候变化措施来降低人类活动引发的全球变暖问题。气候变化适应则是一套应对措施。通过调整社会、经济和环境系统，使其能够更好地适应气候变化所带来的海平面上升、干旱、洪涝和风暴等挑战。这种适应性的努力是为了减轻气候变化对社会的不利影响，并提高各个层面对气候变化的抵御能力。此外，在经济发展初期阶段，环境保护和经济进步二者难以兼顾。大部分国家选择了以牺牲环境为代价发展经济的战略方式。这种传统发展战略对环境所造成的损害引起了一场前所未有的连锁事件，对全球社会和经济造成了严重影响。该挑战凸显了可持续投资战略的重要性，因为可持续投资不仅仅关注企业的财务回报，更注重其环境责任。在投资组合中选择那些积极采取气候行动和适应措施的企业，投资者可以发挥引导效应，推动企业朝着更负责的方向发展。在这一背景下，投资者的力量成为推动企业实现可持续发展目标的关键驱动力。通过支持那些致力于减缓气候变化、提高适应性的企业，投资者不仅能够降低投资组合的气候风险，还有助于创造一个更加公平和可持续的投资环境。因此，可持续投资战略成为应对气候变化挑战并促使企业转型升级的有力工具。

"S"指 Social（社会）。社会因素主要强调社会结构稳定性。以自然环境变化为例，由于温室气体的大量排放导致全球气温上升，从而引发干旱问题，致使水资源稀缺、农业危机、粮食供应不足等问题，迫使农村居民向大城市迁徙，形成大规模流动人口，造成社会结构和经济体系的逆转。这种逆转会引发社会排斥、就业不平等以及资源分配不均等问题（CFA Institute，2023）。以经济发展不平衡为例，当财富和资源分配极不均衡时，社会中的底层群体可能感到被边缘化和忽视，导致不满情绪上涨。这种不平等可能激起群体的不安和愤怒，进而加速推动社会逆转的发生。因此，社会逆转会导致贫富差异大、就业壁垒高、教育缺失、权利难以保障等诸多问题，致使社会结构稳定难以维持。在应对社会逆转问题时，越来越多的企业已经肩负起社会责任，积极参与社区建设发展，将企业发展与解决公平、教育、公共健康和卫生等问题相结合。这些企业逐渐成为投资者追逐的目标，因为它们不仅在商业价值上具备潜在的回报，还在社会层面发挥着积极的作用。

"G"指 Government（治理）。公司治理是指管理和监督公司的过程。公司治理主要包括：完善内部控制、提升创新技能、优化董事会结构、保障职工薪酬、形成企业文化等。可持续投资重视投资那些经营战略和经营政策包括可持续目标的企业（Krosinsky 和 Robins，2008）。优秀的公司治理有助于塑造企业文化，文化内核为企业发展提供强大凝聚力和强烈吸引力。良好的公司治理能为企业带来持续稳定的业务绩效和长期繁荣。

研究发现通过广泛纳入更多有效的 ESG 信息，能够建立科学全面的估值体系，引导资源向 ESG 表现优秀的公司倾斜（史永东和王滇森，2023），从而促进形成企业的长期价值，实现可持续发展。相比较于传统投资而言，可持续投资发挥着不同的职能。首先，可持续投资不仅仅关注短期财务回报，还强调投资行为对环境、社会和治理（ESG）的积极影响，以推动企业向更可持续和负责任的方向发展。其次，可持续投资强调投资清洁能源、环保技术以及低碳发展。在当今的金融市场环境中，可持续投资不仅仅是一种趋势，更是金融从业者和投资者的责任。可持续投资汇聚了致力于可持续发展的金融专业人士和那些敏锐地抓住政策制度和市场实践变革所带来的投资机遇的人。这种凝聚趋势不仅反映出社会对可持续性的日益关注，也表明可持续投资是金融行业迈向更加稳定、负责的必然步伐。

二、ESG——"E"环境

近年来，世界各国经历了气候变化引发的一系列灾害，如破坏性的飓风、洪水、干旱、野火和热浪等（Bril 等，2020）。世界卫生组织的报告指出，气候变化直接（例如极端天气事件的影响）和间接（例如空气和水质恶化）影响着人类健康。这一报告引发了社会成员对环境问题的广泛关注，迫使我们认识到解决这些问题的紧迫性。人类天生对污染和垃圾有厌恶感，而不良的环境习惯对公共卫生和其他生物构成了威胁，包括对资源的不节制使用和塑料污染等。科学界近年来对经济活动后果的警告越发强烈，特别是通过燃烧化石燃料获取能源，资源开采和土地开发导致生态系统的变化和退化，以及其他形式的污染和环境破坏。这些行为正在威胁着维持人类社会发展的气候系统的稳定性

（CFA Institute，2023）。

全球气候变化日益严峻的现状推动了可持续投资的兴起。越来越多的企业认识到气候变化风险正在不断增加，为了在这个变化中生存和进步，企业开始将低碳和社会可接受的商业实践融入它们的经营战略（Bril 等，2020）。可持续投资强调降低对环境的负面影响，包括但不限于减少污染、节约资源、促进循环利用以及采用清洁能源。此外，各国政府向企业提出了明确的劝告，强调了企业信息披露责任，要求它们密切关注环境问题，确保企业的长期发展对环境有益。这不仅要求企业停止破坏性的商业活动，还要求企业设定具有可持续性的环保目标，并实时向公众报告公司在环保项目上的工作进展。基于可持续性目标，越来越多的公司将碳排放控制、脱碳和其他 ESG 目标纳入其业务当中（Bril 等，2020）。通过投资于可再生能源、碳排放减少技术等项目，这些公司有助于实现缓解气候变化的目标，降低全球变暖的风险。可持续投资为企业发展清洁能源、提高能源效率和研发低碳技术提供资金支持，促进企业积极应用绿色技术，降低企业和产业对化石燃料的依赖，从而减少温室气体排放。

可持续投资注重生态系统的保护和恢复，并提高社区对气候变化的复原力。这包括恢复湿地、保护森林、保护海岸线生态系统等，以减缓极端天气事件的影响，提高自然环境的稳定性。开灯、开车甚至用电脑，这些行为会带来温室气体和空气污染；农作物治理会将杀虫剂传播到北极圈，使淡水系统处于紧张状态（Krosinsky 和 Robins，2008）。这些情形凸显了环境问题对人类和其他生物的影响，强调了人类与环境的共生关系（墨比尔斯等，2021）。

可持续投资也涉及企业在投资决策中如何评估和管理环境风险，包括气候变化风险评估、水资源管理、土地利用和生物多样性保护等多方面的考虑。这种投资类型的一大优势在于对风险管理和适应性的重视。适应性投资包括支持基础设施项目、改善水资源管理、开发抗灾能力强的建筑、提高交通和通信基础设施的韧性等，以减轻气候变化带来的冲击（CFA Institute，2023）。面对环境领域的不确定性和潜在的灾难性风险，可持续投资有助于社区更好地适应气候变化带来的极端天气事件，支持企业开发具有适应性和风险管理能力的企业和项目，从而降低投资不确定性和风险。

三、ESG——"S"社会

社会因素关系到对人类命运的考虑,主要考量企业在社会层面的影响和行为(Bril 等,2020)。"社会"这一概念强调了对"人"的关注,包括对社会公平、人权、劳工权益和社会发展的重视。它呼吁企业不仅仅关注自身利益,还要在其商业运作中考虑对他人和社会的影响。

(一)人力资源

社会因素强调了企业应停止使用残酷、剥削和掠夺性的方式对待他人,这意味着对待员工、供应商和其他利益相关者需遵循道德和公平的原则(墨比尔斯等,2021)。社会因素涉及企业对员工的关怀,包括提供公平薪酬、安全的工作环境、培训与发展机会等。良好的劳工关系和员工满意度有助于提高生产力和降低员工流失率,对社会环境形成积极影响。企业应该尊重劳工权益,提供公平合理的工资和福利,安全健康的工作环境,遵循劳工政策制度,保障员工权益,以及提供教育机会。

将 ESG 因素纳入可持续投资的投资策略要求企业不仅要谋求经济利润,还应该承担对社会的责任。无论是在招聘、晋升还是在对待不同利益相关者上,应当倡导多元化和包容性。这表明可持续投资在人力资源管理层面产生了积极影响。可持续投资关注员工福利、培训和发展,提高员工的技能和知识水平。在不断学习和成长的过程中,员工实现了个人能力的提升,从而为企业创造更大的价值。有研究发现 ESG 优势在更大程度上增加了企业对中高技能员工就业(毛其淋和王玥清,2023)以及与企业 ESG 活动密切相关的劳动力的雇佣,促进了劳动力资源的有效配置。可持续投资关注员工权益保护,要求企业建立和谐的劳动关系,降低劳动纠纷风险。这有助于建立以人为本的企业文化,提高员工满意度和忠诚度、激励员工积极参与企业事务,为企业发展提出有益建议,推动企业创新和进步。可持续投资关注员工公平。公平、合理的薪酬待遇和良好的发展机会有助于吸引和留住优秀人才,降低员工流失率,保障企业人力资源的稳定。此外，可持续投资还强调性别平等，鼓励企业消除性别歧视（墨比尔斯等，2021），为男女员工提供平等的发展机会。这不仅有助于企业充分发挥员工潜力，提高生产效益，还能够提升企业在社会责任方面的表现。

（二）社区参与和发展

社会因素强调为社会作出积极贡献。在当今社会，企业参与公益事业已经成为投资者关注的焦点。这一现象的重要性不仅在于社会责任的履行，更在于企业的参与如何为公益事业注入创新活力和解决问题的方法。企业通过提供技术、资金、人才等资源，为公益事业发展注入新活力，有效解决社会问题，为公益项目提供更多可能性，从而更好地服务社会。企业参与能够直接促进公益事业的发展，如捐款、志愿服务和要素供给，解决社会中存在如贫困、教育不平等、环境变化以及养老压力等。这有助于改善弱势群体的生活状况，提升社会整体福祉。企业的支持和积极参与会激励其他组织和个人也加入公益事业中。这种影响会形成一种"示范效应"，鼓舞更多人积极参与公益活动，形成更大规模的社会支持网络。

可持续投资与社区进步和发展密不可分。在与社区合作的过程中，企业需特别关注环保措施的落实，推动社区绿色、低碳发展。这不仅有助于社区环境的保护和可持续，也有利于企业获得社区支持和参与。企业支持社区发展，能够实现社会责任，为可持续发展奠定基础。负责任的企业旨在帮助社区摆脱贫困、推动社区繁荣。这一目标的实现有助于企业在发展过程中获得更多的政策、资源和市场优势。此外，通过社区参与，企业可以深入了解社区需求，为社区提供有针对性的资源和帮助，如围绕支持社区项目、提供就业机会、改善基础设施等途径提高居民生活水平，从而促进社区进步。这种进步建立在企业与社区长期稳定的合作关系基础上，实现企业和社区的共同发展。企业在与社区合作的过程中，通过可持续投资支持社区发展，改善居民生活质量，提高居民幸福感，与社区共享发展成果，有助于企业赢得民心，为企业的长期发展创造良好的社会环境。

（三）公平贸易

社会因素强调了企业如何处理与客户和供应商的关系。关注客户需求，提供高质量的产品和服务，以及对供应链进行责任管理是社会影响的一部分。供应链的运作对全球范围内的社会和劳工权益有着深远的影响。就公平而言，投资行业面临的挑战是成为社会凝聚力而非社会分裂的引擎（Krosinsky 和 Robins，2008）。企业应该在全球范围内考虑其行为对劳工、社区和社会的影响，避免剥削性行为，维护全球范围内的社会公平和人权，同时应更全面地考虑其商业行为如何影响包括全球供应链上的劳工和社会各个层面。

可持续投资有助于维护公平贸易。因为全球供应链具有经济意义（墨比尔斯等，2021），因此，可持续投资强调企业关注供应链中的公平贸易，这有助于企业提升供应链透明度，帮助投资者了解供应商和合作伙伴的业务运作情况，确保供应链的可持续性。可持续投资鼓励与中小企业建立长期稳定的合作关系，帮助中小企业提升产品质量、扩大市场份额，从而促进中小企业的发展。这有助于实现供应链的公平贸易，减少市场竞争中的不公平现象。可持续投资关注贫困地区的产业发展，鼓励企业通过投资和支持当地产业，帮助贫困地区人民脱贫致富。这有助于促进全球范围内的公平贸易，减少贫富差距。

（四）社会多元化

社会因素重视企业如何倡导包容性，包括性别平等、文化多样性和包容性工作环境的营造等。企业需要尊重和理解不同文化和价值观的多样性。这包括在商业活动中尊重当地文化，避免对其他文化产生冲突或侵犯。企业应该致力于消除对种族和性别的歧视。这可能包括采取措施促进性别平等，提倡多元化的雇佣和晋升机会，以及制定政策来防止种族歧视，营造一个包容和公正的工作环境。企业应当尊重和支持不同社会背景的人员。这意味着提供平等的就业机会，支持来自不同社会背景的员工，以及积极支持社会的发展和进步，减少社会不平等。企业还可以通过教育和意识提升活动来促进多元化和包容性，包括内部培训、社区教育项目以及对多元化和包容性的倡导（墨比尔斯等，2021）。

可持续投资有助于企业增强包容性。可持续投资关注企业性别平等政策及实践，有助于推动消除性别歧视，提高女性在社会经济生活中的地位，促进性别平等。因为充分吸纳女性就业意味着为各类企业带来大量聪明的、极富创造性和高效率的员工（墨比尔斯，2021）。可持续投资鼓励企业在全球范围内投资，有助于促进不同文化背景的人们交流互动，增进相互理解和尊重，提高社会包容性。

四、ESG——"G"治理

治理因素主要包括企业治理与社会治理两个方面。企业治理中的"G"的关注点主要体现在信息披露、资源配置、内部控制以及股东权益等方面。通过这些方面的强化，能够更好地实现企业治理，为可持续发展作出积极贡献。社会治理方面则关注企业如何在与各个利益相关方的互动中，实现社会责任、公平竞争、社区发展等多方面的目标。通过强化这些方面的治理，企业能够更好地与各个利益相关方共同实现可持续发展，为构建和谐社会作出贡献。

（一）企业治理

1. 信息披露

治理因素强调企业应实时披露决策和财务状况信息，向外部股东和利益相关者提供准确、及时、全面的信息披露。研究发现信息透明度对处于信息劣势的投资者具有更重要的现实意义（徐浩峰和侯宇，2012）。信息披露使得企业行为更加可追溯和可评估。对于 ESG 方面的公开披露能帮助投资者更全面地了解企业的风险和机会，增强对企业的信任，并作出更明智的决策。信息披露为外部监督和审计提供基础。积极地信息披露，促进了企业对社会和环境问题的回应，公开披露的信息有助于监管机构更好地审查企业的合规性，确保其遵循相关政策制度和规范。有许多投资者因对所投资的企业不够了解而导致大量资金亏损。因此，严格的信息披露要求（墨比尔斯等，2021），有助于监督和确保企业的治理结构以及社会责任的履行。通过信息披露，利益相关者能更全面地了解企业的决策和运营方式，促进更高标准的公司治理和社会责任履行。此外，信息披露不仅是企业对外展示自身表现的手段，更是推动企业与行业标准对齐，促进整个行业进步的重要途径。积极进行信息披露不仅激励企业不断追求创新，更能鼓励企业迈向更可持续和负责任的经营方式，以满足社会和投资者的期望。信息披露在提升企业形象方面也有举足轻重的作用，对环境、社会和公司治理（ESG）问题的积极披露将使企业被视为负责任和透明的机构，从而增强其在市场中的竞争力和声誉。

可持续投资对信息披露产生了积极影响。随着可持续投资的兴起，投资者对企业的环境、社会和公司治理（ESG）表现越发关注。这种趋势推动企业提高信息披露质量，确保投资者能够全面、准确地了解企业的 ESG 表现。研究表明，基于可识别的 ESG 因素（如生态效率、员工敬业度和公司治理）选择的投资往往表现更好，这证实了投资者在研究中整合非财务因素的有效性（Krosinsky 和 Robins，2008）。因此，企业需更广泛地公布与 ESG 相关的数据和非财务信息，以满足投资者需求和利益相关者的期望。在可持续投资的推动下，企业将不断优化公司治理结构和改进生产经营方式，从而提升 ESG 表现。可持续投资要求企业提供真实、可靠、完整的 ESG 信息，这有助于提升市场对企业长期价值的信心、规范市场秩序，也推动了企业恪守信息披露原则，有助于遏制虚假陈述、内幕交易等不法行为，以维护市场公平竞争环境。

2. 资源配置

高效的治理结构能够更有效地管理资本和利用资源。在优秀的治理框架下，企业更有可能优化资源的使用，包括提高资源利用效率，减少浪费，采用更环保和可持续的生产方式，从而在资源使用方面更具竞争优势。若资源不能按照最优状态进行配置，会导致较低的投资和股本回报率（Krosinsky 和墨比尔斯等，2021）。优良的治理有助于确保企业能够有效地分配资本，有效的资本分配能够确保企业在发展战略上作出明智的决策，以实现长期增长。这意味着企业会考虑到可持续的、长期的投资，而不仅仅关注短期收益。通过更明智的资本分配，企业可以更好地实现长期增长目标。

可持续投资理念推动企业朝着绿色、低碳、环保的发展路径调整产业结构。在资源配置方面，企业优先支持符合国家产业政策且具备市场前景的绿色产业，以实现产业升级和可持续发展。这种投资理念凸显了企业的社会责任，使其在资源配置上更加注重社会和环境效益。可持续投资强调企业在环境、社会和公司治理（ESG）方面的表现，迫使企业放弃短期行为，更专注于长期价值的创造。企业应该在资源配置上更倾向于具有可持续性的项目，以降低潜在风险并提高长期资本收益率。

3. 内部控制

内部控制在企业治理中扮演着至关重要的角色，其作用为确保企业运营的有效性、高效性和合规性，最大化保护利益相关者的权益。考虑到 ESG 风险带来的市场变化，企业内部控制举措也应随之改变，而企业内部控制在确保此类风险披露的一致性和可靠性方面发挥着至关重要的作用（翟胜宝等，2022）。良好的内部控制有助于企业更好地应对不确定性，确保业务稳健性和长期发展。此外，内部控制机制不仅确保企业遵守法律政策制度、行业标准和道德准则，也为公司的合法经营和社会责任实践奠定基础，有助于树立良好的诚信形象。内部控制的过程还包括持续改进和学习。通过监控和评估内部控制的效力，企业能够不断优化运营方式和管理方法，为未来的可持续发展提供经验教训。

可持续投资强调企业应关注长期发展和可持续性。为实现这一目标，企业需加强风险管理，包括对各类风险的识别、评估和应对。企业内部控制是风险管理的重要组成部分，通过加强内部控制，企业能够更好地识别和防范潜在风险。可持续投资要求企业关注环境、社会和治理（ESG）方面的风险，提高企业经营风险管理效果。这促使企业加强内部控制，建立内部评估机制，定期对 ESG 绩效进行评估。同时，实施可持续投资需要企业优化治理结构，强化内部控制，提高决策效率和执行力。这一系列措施有助于防范腐败和滥用职权，确保企业实现长期稳定发展。

4. 股东权益

保护股东权益是公司治理中的重要组成部分。首先，可持续投资关注企业

ESG 绩效，要求企业加强股东参与和沟通，这有助于提高股东对企业战略和决策的参与度，促进股东权益的实现。强化公司治理有助于提高企业的责任感，这对股东来说至关重要。公司治理通过确立有效的权力分配和监督机制，保障了股东在企业决策中的权益，设立有效的董事会结构以及明确的管理层责任，从而保障股东利益。

其次，提升公司治理水平有助于防范不当行为和交易。企业通过设立有效的投票权制度和提供股东参与决策的途径，确保他们的权益得到尊重和保护。这些措施有助于防范内幕交易、权力滥用等问题，从而维护股东的权益，防止公司资源被不当利用，减少潜在的风险损失，保护股东权益。可持续投资关注企业的长期发展和可持续性，关注公司治理有助于增强企业竞争力和盈利能力，从而提升股东权益价值，为股东带来更高的投资回报。

另外，健全的政策制度环境和企业行为规范化为股东提供了更可靠的保障。明确的法律保护机制使股东能够在权益受到侵害时通过法律途径进行维权。企业通过积极管理投资者关系，建立和维护与股东的沟通渠道，使投资者更好地了解企业的决策和发展战略。

简言之，可持续投资对股东权益具有积极作用。企业对可持续投资态度的转变有助于企业完善治理结构、提高透明度、加强风险管理、提升股东权益保障水平等。这些因素有助于推动企业实现长期稳健发展，提高企业价值。企业应充分认识可持续投资的重要性，积极采取措施加强企业治理，实现可持续发展。

（二）社会治理

腐败给国家治理带来了显著负面影响，尤其会加剧社会贫困（墨比尔斯等，2021）。在腐败程度高的国家，高层腐败常常导致制度的恶性循环，导致资源和权力被滥用，社会下层民众的利益受到剥削。在法治不健全的国家，腐败容易蔓延。法治的缺失意味着对腐败行为难以约束，这进一步加重了社会的贫困。领导层的行为对整个社会的道德标准产生深远影响。一旦领导层出现腐败现象，可能形成一种被广泛接受的商业行为方式，使腐败在社会中得到容忍和传播。因此，解决贫困需要解决腐败问题。ESG 框架在防范腐败问题方面扮演着重要的角色。可持续投资在社会腐败问题上具有一定的抑制作用，可以降低腐败现象发生的概率。然而，践行可持续投资并不是一帆风顺。其面临的挑战之一是如何让潜在可持续投资机构进入腐败程度高的国家（Bril 等，2020）。改善国家治理，增强透明度、强化监督制度以及提高领导层廉洁，是解决腐败对社会贫困影响的关键措施。通过减少腐败，公平分配资源，促进社会的平等和包容性发展，有助于更有效地减少贫困问题。

然而，要彻底解决腐败问题，还需综合运用多种手段，形成治理合力。可持续投资对抑制社会腐败问题虽有一定的积极作用，但并不能完全消除腐败现象。要想根治腐败问题，还需要政府、企业和社会各方共同努力，加强法律政策制度建设，提高监管力度，形成联合治理的态势。

第二节　影响可持续投资发展的因素

一、政策制度支持

当讨论可持续投资的发展历程时，首要考虑的是其与政策制度的紧密关系。政策制度直接塑造和影响投资者、金融机构以及企业在环境、社会和治理（ESG）方面的行为。因此，它们成为推动和规范可持续投资发展的重要力量。一个显著的例子是欧盟正在制订的可持续金融行动计划，旨在全球范围内通过政策制度改革将融资系统与可持续发展目标协调一致（Silvola 和 Landau，2021）。

在相关的政策制度中，涉及 ESG 信息披露、ESG 风险溢价以及绿色金融和绿色债券的发展。这些政策制度在推动可持续投资方面发挥着关键作用。例如，ESG 信息披露要求企业充分地披露其在环境、社会和治理方面的表现，促使投资者更全面地了解其投资对象。另外，ESG 风险溢价则鼓励投资者更注重

ESG 因素，从而塑造了市场对可持续投资的态度。

（一）"双碳"目标

我国提出的"双碳"目标包括"碳达峰"和"碳中和"，旨在应对全球气候变化，推动绿色低碳发展，构建美丽中国。这一目标是我国积极履行国际责任、展现大国担当的重要举措。实现"双碳"目标将有助于提高能源安全、减轻环境污染、促进经济增长模式转型，创造绿色就业岗位，对我国经济社会发展具有深远意义。为达成这一目标，我国政府制定了多项政策措施，包括调整能源结构、加大节能减排力度、发展循环经济、推广绿色技术等。同时，我国还积极参与国际合作，与国际社会共同应对气候变化，推动全球绿色发展。

环境、社会和公司治理（ESG）与"双碳"目标政策存在密切关系。研究发现：ESG 报告作为相关非财务信息的整合为企业助力"双碳"目标实现提供了新的思路（李宗泽和李志斌，2023）。尤其是在推动企业重视可持续发展方面，ESG 因素已经成为政策制定者考虑的重要因素之一。政府往往通过政策支持鼓励企业进行绿色和可持续的创新。政策可能包括提供财政补贴、减免税收等制度倾斜来支持绿色创新举措（方先明和胡丁，2023）。政策的调整和改变可能会影响企业对 ESG 的关注程度和实践，从而迫使它们不断调整 ESG 策略和实践。政府和监管机构通过规范和政策推动企业重视 ESG，鼓励或要求它们在环保、社会责任和良好治理方面采取措施，如提供税收优惠、补贴或制定强制性的环保标准。企业的环境责任表现直接关系到当地的环境质量，势必会影响政府对企业的评价，进而影响政府补贴配置。研究发现，地方政府对环境责任表现突出的企业有所青睐，在政府补贴等方面有所倾斜（李哲等，2022）。因此，这些政策不仅能够引导企业朝着更可持续的方向发展，同时也为它们提供了实施 ESG 的具体支持。企业若能遵守这些政策并将 ESG 因素融入战略规划和运营中，可能会带来更显著的财务绩效。这是因为符合政策要求不仅可能降低一些成本，还可能带来潜在的利润机会。

ESG 和政策相互影响和相互作用。政策制定者试图通过政策来促进 ESG 实践，鼓励企业履行社会责任，并推动创新以实现可持续发展。同时，企业的

ESG 表现也受到政策的影响，因为政策可以激励或限制企业的 ESG 实践，对企业的发展和创新产生重要影响。

（二）风险溢价

中国制定"双碳"目标并实施相关政策制度，强调了对碳排放和可持续发展的重视。这加深了投资者对 ESG 风险的认识，促使投资者更关注 ESG 因素，使表现优秀的公司在市场上更受青睐。同时，也出现了 ESG 风险溢价现象，从而进一步提升了 ESG 表现优异公司的价值（史永东和王淏森，2023）。

在中国市场中，ESG（环境、社会和治理）因素与股票未来收益率存在着负向关系，这被称为 ESG 风险溢价。这种现象可能与中国市场的特殊性和投资者行为有关。与美国资本市场的 ESG 正溢价现象不同，中国市场存在独特的 ESG 风险溢价现象，即 ESG 组合与股票未来收益率之间存在明显的负向关系（史永东和王淏森，2023）。在中国市场，套利机会有限，投资者可能更注重 ESG 问题，而非纯粹的收益。因此，对于于 ESG 表现较差的公司，投资者可能更倾向于避免投资，卖出股票导致股票抛售压力，从而影响未来收益率。ESG 表现差的公司，投资者更容易卖出股票。在流动性较低的情况下，市场对这些公司的投资热情可能下降，进一步影响未来收益率。当投资者难以获取完整可靠的 ESG 信息时，对这些因素的评估和理解存在更大的不确定性。这可能加剧投资者对 ESG 因素的担忧，同样会影响股票的未来收益率。

因此，对于 ESG 风险溢价现象的理解和管理需要明确的政策制度支持。政策制度在引导投资者关注 ESG 因素方面发挥着至关重要的作用，尤其是在中国市场。这些政策制度的推动和改革将进一步塑造投资者对 ESG 因素的态度和行为，从而对 ESG 表现与股票未来收益率之间的关系产生深远影响。具体而言，政策制度对环保和碳排放的管控直接影响公司的运营。对于那些 ESG 表现较差的公司，政策制度的严格要求可能引发投资者对其持续性和未来收益率的担忧。在制定投资决策中，我们需要充分考虑这些政策制度的变化对企业 ESG 绩效的潜在影响。同时积极推动相关政策制度，可能使 ESG 信息披露更加标准和完善，提供更准确和全面的信息。市场压力假说认为信息中介会产生公众影响力，对企业形成巨大压力，从而倒逼企业管理者改变相关行为（刘柏等，2022），从而减少 ESG 风险的不确定性。政策可能迫使机构投资者和资产管理公司法律上须考虑 ESG 因素，促使这些机构深入研究和评估 ESG 因素。这有可能减少对 ESG 表现差公司的投资，从而影响 ESG 风险溢价。政策制度还可能鼓励公司更主动地提升其 ESG 表现，通过奖励那些在环境、社会和治理方面表现优异的公司，引导企业更积极地提高 ESG 水平，从而减少 ESG 风险溢价的影响。

政策制度的推动对 ESG 风险溢价产生深远影响。它们不仅影响着投资者对 ESG 因素的态度和行为，还塑造了公司的 ESG 表现和发展方向。透过政策的推动，投资者对 ESG 表现优秀公司的青睐程度增加，对 ESG 风险的认识提升，从而影响了 ESG 表现与股票未来收益率之间的关系。

（三）ESG 信息披露

欧盟可持续金融行动计划表明：欧盟正在推动一系列的法律和法规变革，以推动金融体系朝着更可持续的方向发展。该计划旨在通过促进投资者对 ESG 信息的获取，支持绿色和可持续金融。当前多个国家和地区正在加强对企业的 ESG 信息披露要求。这包括要求公开公司报告其 ESG 指标和表现，以提高透明度并促进投资者更深入地了解企业的 ESG 实践。自 1992 年起，联合国环境规划属的金融倡议就主张，希望金融机构能够将企业的 ESG 表现作为其投资决策评估的重要因素。随后，证券交易市场、监管机构以及政府部门也认识到企业 ESG 行为的重要性，英国、德国、新加坡、加拿大、巴西等国家的证券交易所制定并推出了上市公司的 ESG 信息披露准则和制度，以 MSCI、汤森路透以及道琼斯为代表的国际知名评级机构也定期发布企业 ESG 表现的评级指数（杨有德等，2023）。

信息披露要求是政策制度中重要的一部分，2018 年证监会《上市公司治理准则》的修订纳入 ESG 信息披露框架，有助于形成企业 ESG 信息披露的严格监管环境（翟胜宝等，2022）。披露内容涉及企业和金融机构公开其环境、社会和治理（ESG）方面的实践和数据。这些披露要求有助于提高透明度和公开度，促进投资者更全面地了解企业的 ESG 表现。政策制度可能要求企业按照特定的标准和指南披露其 ESG 数据，这确保了披露的一致性和可比性，让投资者更容易对不同公司的 ESG 表现进行比较和评估。政策制度还要求企业提供全面的 ESG 信息，涵盖环境、社会和治理方面的多个维度。这种全面性的披露使投资者能更好地了解企业在各个方面的表现。此外，政策规定企业定期公布其 ESG 报告，确保及时性和连续性，这有助于投资者追踪企业的可持续性进展和变化。深交所、上交所分别于 2006 年与 2008 年发布《上市公司社会责任指引》以及《上市公司环境信息披露指引》；2007 年，国家环保局公布《环境信息公开办法（试行）》；之后，华证指数、商道融绿、社投盟以及富时罗素分别于 2009 年、2015 年、2016 年以及 2018 年开始披露企业的 ESG 表现评级，香港证券交易所也于 2015 年 12 月修订了《ESG 报告指引》，要求上市公司披露详细的 ESG 信息，未披露的企业需要解释其原因；2018 年 6 月，中国证监会也修订了《上市公司治理准则》，明确了上市公司对 ESG 信息披露的要求。2020 年 3 月，中共中央办公厅、国务院办公厅发布《关于构建现代环境治理体系的指导建议》，将 ESG 信息披露主体由上市公司拓展到上市公司和发债企业（杨有德等，2023）。政策制度鼓励不断改进和提高 ESG 数据披露的标准和质量，以适应不断变化的投资环境和需求。

这些信息披露要求的目的在于增强透明度，让投资者更全面地了解企业的可持续性表现，促进更负责任的投资决策。当前，在政府监管、市场环境、社会舆论及媒体监督的压力下，企业会更积极地履行其社会责任（李宗泽和李志斌，2023）。

（四）绿色金融与绿色债券

为鼓励经济朝着更环保和可持续的方向发展，市场可以通过相关政策激励绿色投资和推动绿色金融，使用"绿色财政+绿色金融"的政策组合模式，能够提升经济增长的速度和长期稳态水平（文书洋等，2021）。当政府通过直接投资或提供补贴支持绿色技术和项目，比如可再生能源、能效改进以及清洁生产，以及投资于绿色基础设施项目，如建设公共交通系统、改善水资源管理，推动垃圾处理和循环利用时，能够有效促进经济增长。政府鼓励金融机构提供低息贷款或融资支持，从而推动绿色项目和企业的发展。在此过程中，政府推动金融机构和投资者考虑 ESG 因素，将绿色标准纳入投资决策，有助于引导资金流向可持续发展领域，提高经济增长的速度并在长期内维持更稳定的水平。这些政策除了在经济发展方面起到作用，还有助于支持环保、应对气候变化和实现可持续性目标。

绿色金融是推动经济实现可持续发展的关键推动力。为贯彻落实国务院《"十二五"节能减排综合性工作方案》（国发〔2011〕26 号）、《国务院关于加强环境保护重点工作的意见》（国发〔2011〕35 号）等宏观调控政策，原银监会于 2012 年发布《绿色信贷指引》。有研究发现，自《绿色信贷指引》实施后，随着地区环境执法力度和知识产权保护力度的加强，绿色信贷政策增进绿色创新的作用增强。绿色创新既能够显著提升环境和社会绩效，也能够显著提升财务绩效（王馨和王营，2021）。可见，绿色金融不仅大力推动生态文明建设，同时以绿色信贷为抓手，着力打造绿色信贷政策体系，引导银行业金融机构大力发展绿色信贷，并且在支持绿色、循环、低碳经济发展，在助推经济结构调整和产业转型升级方面取得了显著成效，并在国际社会产生了良好影响。

绿色债券政策是指通过发行债券来筹集资金，专门用于支持环保和可持续发展项目。绿色债券是为了改善环境影响、提高社会福利等特定目标筹集资金的一种新兴融资工具。这一工具的发布能鼓励金融机构和企业参与环保领域。作为绿色金融体系的重要组成部分，中国绿色债券市场在 2015 年 12 月中国人民银行发布《关于在银行间债券市场发行绿色金融债券有关事宜的公告》和《绿色债券支持项目目录（2015 年版）》后正式拉开序幕，现在已成为全球绿色债券发行量第一大的市场（杨博文等，2023）。不难看出，绿色债券的发行备受投资者青睐，因为这类债券所筹集的资金专门用于环保项目。投资者对绿色债券的青睐不仅提高了对承销商的信任，也有助于提升承销商的声誉。信任的提升在承销商股票收益率中得到了积极的反映。投资者看好承销商参与环保领域的倡议，认为其与绿色债券相关的业务活动将带来积极效益，从而对其股票表现抱有积极期望。这种正面的期望也反映在投资者对承销商的整体看好上。有学者发现，绿色债券发行显著提高了承销商在发行人所在省份和行业的未来债券承销业绩（杨博文等，2023）。政府监管部门对金融机构积极参与绿色金融倡议采取一系列支持和奖励措施。为鼓励金融机构积极支持绿色债券发行并为环保项目提供融资支持，监管部门提高了对承销商的评级，形成一种鼓励机制。同时，监管部门通过政策支持和号召，督促金融机构更积极地参与绿色债券市场。这一政策推动了金融机构为环保和可持续发展项目提供更多资金支持。

绿色金融不仅在推动经济社会高质量发展方面扮演着关键角色，同样也成为金融业自身长期转型发展的不可或缺的引擎。绿色金融政策的推动作用凸显。金融机构应更积极地响应绿色金融倡议，满足不断增长的绿色低碳可持续投资需求，促使整个金融业更好地服务于可持续发展的理念。

二、自然环境变化

可持续投资并不存在于真空之中，它的出现受到了一些事件和历史发展的影响。环境变化对可持续投资有着重要影响，其中气候变化最为明显。气候变化的灾难性影响将超越企业、金融监管者和政治家的传统认知。有学者认为，当气候变化成为一个明显而现实的危险时，要避免大范围的环境和经济破坏可能就太晚了（Bril 等，2020）。因此，许多投资人选择将 ESG 因素纳入投资决策考量的关键因素，而这个问题可通过可持续投资来予以解决（克罗辛斯基和彼得，2018）。

在全球环境问题日益凸显的情境下，中国成为全球气候变化议题的重要参与者。特别是在提出碳达峰与碳中和目标后，意味着国家将在未来实现二氧化碳排放的顶峰和相对零碳排放。这一目标显示了中国积极应对全球气候变化的决心和承诺，加速向绿色低碳发展的转型。政府提出实现高质量发展的关键在于推动经济社会绿色化、低碳化。中国社会各界也深刻认识到必须改变过去"高投入、高消耗、高污染"的粗放型发展模式，促进经济绿色转型，实现高质量发展。企业作为经济发展的微观主体，能否贯彻绿色发展理念，实现绿色转型，对于转变经济发展方式，实现"双碳"目标和推动经济高质量发展具有决定性作用（胡洁等，2023）。实现碳达峰与碳中和目标需要从根本上改变经济发展模式，这进一步要求中国经济转型，走向绿色、低碳和可持续发展的道路。这种转型不仅是应对气候挑战的需求，也是中国实现高质量发展的内在要求。在这一背景下，绿色金融成为中国重要的发展战略（文书洋等，2021）。绿色金融的发展是支持绿色、低碳项目的重要途径，为中国的绿色发展提供了资金保障和市场机会，从而加速推进可持续投资，这已成为经济政策的内容之一。

全球范围内生态环境问题日益严重，气候变化导致自然灾害频发，极端气候风险不断增加。因此，为了在财务决策中综合考虑气候风险和抵御能力，必须全面披露气候信息。企业管理需迎来转型，使可持续投资成为主流。不断增长的可持续投资专业知识将塑造这一发展，并带来本时代最重要的商业机遇之一（Bril 等，2020）。

三、投资者推动力

ESG 因素反映了客户对绿色产品的偏好和投资者对绿色资产的需求的变化（Pástor 等，2021）。由于社会对环保、社会责任和可持续性的关注逐渐上升，投资者的需求和偏好对可持续投资发展产生深远的影响。这种趋势促使投资者更多地将环境、社会和治理（ESG）因素纳入其投资决策中，从而塑造了投资市场和企业的行为方式。

首先，投资者需求和偏好对可持续投资的影响体现在市场行为和投资决策上。市场的新兴机会和不断进步的行业发展，特别是在如气候变化、绿色科技、可持续发展等绿色领域的进步，会影响投资者对可持续投资的关注点和投资方向，这种影响会使得投资者的投资偏好发生改变，促使更多的资金流向绿色创新领域。随着可持续发展意识的增强，企业的 ESG 表现逐渐受到投资者的广泛关注（方先明和胡丁，2023）。投资者越来越关注企业的环保、社会责任和治理情况，因为他们意识到尽管绿色债券和绿色基金等专业投资是应对环境风险的方式，但它们不足以资助向低碳未来的转型，环境风险仍会对社会和环境产生重大影响。机制检验表明碳效益的绿色溢价源于债券投资者的亲环境偏好（吕怀立等，2022），这种投资者偏好的转变使得公司更倾向于采取可持续发展的行为，例如减少碳排放、推动环保项目和企业社会责任项目等。

其次，投资者需求对绿色创新和发展产生了深远影响。根据研究，ESG表现不仅能提高企业创新产出的数量，还有助于提升创新的质量（方先明和胡丁，2023）。随着市场对可持续投资的需求增加，金融机构和市场参与者纷纷创新金融产品。由于发行绿色债券有助于提高机构投资者的关注度和经营绩效（祁怀锦和刘斯琴，2021），市场将会大力发展这种类型的金融工具以满足投资需求。同时，考虑到绿色技术创新对绿色低碳发展的支撑能力正在持续增强，绿色技术创新主体进一步壮大。各类绿色技术创新主体的创新活力不断释放，协同创新也更加高效。绿色技术供给能力显著提升，形成了一批基础性、原创性、颠覆性的绿色技术创新成果。这种绿色创新成果进一步推动了可持续投资的扩张和发展，进而能够满足投资者对绿色创新投资的新需求。

另外，投资者需求和偏好也影响了企业的资本成本和融资渠道。可持续投资增长背后的一个关键驱动力是参与的监管机构越来越多。如今市场参与者承认，健全的政策和标准对推动 ESG 实践至关重要。那些具备良好 ESG 表现的企业更有可能获得来自资本市场的资金支持，对资本市场投资者来说，应将企业 ESG 表现纳入投资分析和决策过程中，降低短期收益预期，追求稳定且可持续的长期投资收益（王浩宇，2023）。企业良好的 ESG 表现有助于降低权益资本成本和债务成本（谢红军和吕雪，2022）。具有良好 ESG 表现的企业通常更受投资者欢迎，这使得这些公司能够更轻松地融资，包括放宽了绿色债务融资工具募集资金的条件，主要围绕企业绿色产业领域的业务发展可以通过较低的资本成本进行融资。

此外，投资者对可持续投资的需求也对企业的战略决策产生了影响。ESG因素被视为风险管理的一部分。ESG 因素反映了客户对绿色产品的偏好和投资者对绿色资产的偏好的变化。当积极因素影响 ESG 因素时，绿色资产的表现会更好（Pástor 等，2021），促进投资者和金融机构愈发倾向于支持符合 ESG 标准的企业。绿色投资者选择投资对象时，将项目是否符合环境检测标准、污染治理效果和生态保护作为重要前提（Flammer，2021）。同时，良好的 ESG 表现能够帮助企业从消费者和供应链渠道获取高质量交易和更多利润（谭劲松等，2022）。因此，企业开始更加重视环保、社会责任和治理，不仅仅是因为遵守规定，更是因为响应投资者需求的市场趋势。这种情况导致企业调整其业务模式，开发更环保的产品，提升生产方式和供应链的可持续性，以满足投资者和消费者对可持续性的需求。

投资者需求和偏好对可持续投资的影响是多方面的，包括市场行为、金融产品创新、企业资本成本、企业决策战略等多个领域。这种趋势对推动企业向更可持续的方向发展、推动市场创新、降低资本成本和引领市场需求具有深远的积极作用。

第三节　可持续投资面临的问题与挑战

一、成本与效益的权衡

尽管可持续投资在当前的投资领域中备受投资者的青睐，却也面临一些重要问题和挑战。可持续投资与成本问题紧密相连。企业在考虑开展可持续投资项目时需要平衡成本、效益和不确定性，同时也需要考虑长期回报与短期成本之间的权衡。

（一）生产成本

从生产成本出发，可持续投资通常需要企业额外投入资金、资源和时间来实施环保和社会责任项目。这包括采用更环保的生产方法、改善供应链、采购可再生能源或履行社会责任等项目。这些投资可能会增加企业的运营成本。环保措施和可持续项目可能会对企业的生产效率产生负面影响。一些环保举措可能会导致生产过程变得更加复杂，生产效率降低，进而增加生产成本。从理论上来讲，企业参与绿色治理属于一种公共事务性活动，但企业实施这些活动还需要得到其他利益相关者的支持。这意味着企业在追求绿色治理时，除了确保自身发展外，还需投入额外的资源。并且绿色治理具有长期性，使得企业在短期内无法获得经济收益（姜广省等，2021）。因此，企业必须在成本和效率之间作出权衡，权衡投资与可持续性目标之间的关系。可持续投资也可能增加企业的经营不确定性。如果企业将有限的资金用于环保投资将会提高生产成本，降低生产效率，增加经营活动的不确定性，此特质也使得企业环保投资本身更容易受到不确定性因素的影响（姚圣和林云燕，2023）。因为这些投资在一定程度上受到外部环境的影响，如政策变化、市场需求波动等，这种不确定性可能使企业更难准确估计投资的回报和长期效益。可持续投资通常会产生长期回报，但初期可能带来较高的成本。企业在短期内需要承担投资成本，而可持续性收益可能需要较长时间才能体现。这种短期成本和长期回报之间的落差可能让企业望而却步。

（二）社会成本

从社会成本出发，社会对企业的可持续发展和环保责任的期望不断增加，尽管可能短期内看不到显著的经济回报，但这使得企业在道德义务和社会压力下更倾向于承担这些成本。社会对企业的期望在环保和社会责任方面不断增加。如果企业未能履行社会期望，可能面临公众舆论和声誉风险。负面报道、社会抵制或抵制产品的行为可能损害企业声誉，从而影响市场表现和业务发展。企业为了履行社会责任，可能需要进行社会投资，如慈善捐赠、社区发展项目或教育支持。这些投资虽然有助于社会，但也是企业的成本开支。已有研究表明，社会责任投资似乎是一种奢侈品，只有财务约束较小的企业在企业社会责任活动上的支出更多（Larcker 和 Watts，2020）。此外，政府对企业的可持续投资也持有立场。政府可能期待企业在环保和社会责任上承担更多责任，企业的环境责任表现直接关系到当地的环境质量，势必会影响政府对企业的评价，进而影响政府补贴配置（李哲等，2021）。而政府可能通过税收、监管和激励政策来影响企业的可持续投资决策。

（三）利益相关者参与成本

从利益相关者参与成本出发，企业需要积极与利益相关者（包括社区、NGO、消费者）合作，了解他们的关切和需求。对股东参与成本，他们关注企业的长期价值和利润。他们可能对可持续投资产生担忧，因为这可能会增加企业成本而减少短期利润。企业为了满足股东利益可能需要解释和平衡可持续投资对盈利的短期影响。如果不能保证和实现股东利益最大化，企业管理者将面临离职的风险（姜广省等，2021）。此外，绿色投资者影响公司做法的两个主要渠道是投资组合筛选和股东参与（Angelis 等，2022），这种参与可能需要额外的时间和资金，并可能导致企业须要调整策略或业务模式。对员工成本而言，基于利益相关者理论与信号传递理论，ESG 建设向利益相关者传递了负责任的社会形象信息，有助于增进信任（方先明和胡丁，2023），从而使越来越多的员工更倾向于加入注重社会责任和可持续发展的企业。因此，企业在招聘和留住人才方面可能需要投入更多的资源，提供与社会责任相关的激励和发展机会。企业创新成功与否，很大程度上依赖于核心员工的知识水平和创新能力（方先明和胡丁，2023）。员工创新投入还取决于奖励制度、激励措施或是其他形式的奖赏，这些都是激励员工积极投入可持续性目标的成本。在推动可持续性目标需要时常的变革和适应。企业需要管理这些变革，包括制定新政策、调整工作流程、监督执行以及评估成效。利益相关者参与成本还可能涉及改善员工福利、提供更环保的工作环境，或者支持员工参与环保行动。例如改善工作环境设施或提供环保福利，这些都会产生管理成本。

二、数据和信息质量

数据和信息质量对可持续投资具有重要影响。在可持续投资中，投资者需要准确、全面、可靠的数据来评估企业的环境、社会和治理（ESG）表现，以便做出明智的投资决策。然而，这些数据的质量可能成为一个严重的挑战。有学者研究发现，由于共同机构投资者同时在多家企业中占有举足轻重的股份，能够为企业间信息交流与沟通搭建重要的桥梁，有效降低了投资者信息搜寻与处理成本，这虽然有助于共同机构投资者发挥监督治理的职能，但是也引起了业界和学界对于合谋舞弊效应的担忧（雷雷等，2023）。

（一）标准与来源

一个问题是信息缺乏统一标准和数据来源，这可能导致投资者难以获得全面、可比较的信息。ESG 数据通常包括多个方面，如环境、社会、治理等。当评级结果存在的较大差异，无法为投资者决策提供有效的 ESG 信息，可能会进一步加剧投资者与上市公司之间的信息不对称，即 ESG 评级分歧会产生"噪音效应"（刘向强等，2023），给投资者带来了困惑，也增加了评估和管理的难度。一些公司的报告可能缺乏标准化，使得比较各个企业的表现成为一项困难的任务。这种数据不确定性可能导致投资者作出错误的决策，因为他们无法准确评估企业的可持续性表现。因此，除监管机构和上市公司外，评级机构同样是资本市场 ESG 报告的重要参与主体。ESG 评级机构的目标是提供一个标准化的、客观的视角，帮助投资者更好地了解企业在环境、社会和治理方面的表现，为他们的投资决策提供参考。这些机构通过对上市公司的 ESG（环境、社会和公司治理）信息进行解读、整合和转化后，旨在提供一个相对客观、可比较的评级体系，帮助市场投资者更好地理解企业在这三个方面的表现，更好地比较不同企业之间的 ESG 表现。

然而，尽管这些机构努力提供独立和全面的评估，但仍然存在一些挑战，比如标准的不一致性、数据质量以及对不同行业或地区的不同考量。但是，由于每家评级机构都有各自的度量模型和方式，特别是对于人权、道德与反腐败等定性指标而言，度量方式具有很大的主观性，导致不同机构的评级结果存在较大差异（刘向强等，2023）。因此，投资者仍需审慎对待这些评级，考虑评级机构所采用的方法和标准是否适用于其特定的投资目标和价值观。此外，对于一些地区或行业，可持续性数据可能更加缺乏，这会限制投资者的选择范围。

（二）真实性与可靠性

另一个问题是数据真实性和可靠性。一些企业可能对自己的 ESG 表现进行夸大宣传，从而误导投资者。出于趋利避害动因和社会比较、舆论监督等方面的压力，企业间 ESG 信息披露会产生同群效应进而导致披露效用的缺失（李宗泽和李志斌，2023）。在这两者比较的压力下，企业会趋向于采取与同行业竞争者相似的 ESG 披露方式，而非真正展现其实际环境、社会和治理表现。这种同质化趋势可能导致 ESG 信息的真实性和可靠性受到质疑。这种情况下，投资者很难分辨真正的可持续性领导者和那些只是在表面上宣传可持续性的企业。企业为了维护自身形象，可能倾向于展示符合行业标准的 ESG 表现，而不是真实反映其实践。这可能导致信息披露缺乏差异性和深度，难以提供全面和真实的 ESG 表现。企业之间互相观望，采用类似的信息披露方式，造成了"同质化"的情况，这可能掩盖了真实的 ESG 实践差异。同时，由于 ESG 信息的披露不是强制性的，企业有很大自由度决定披露何种信息，这也增加了信息的不确定性。相对于散户而言，信息透明度对机构投资者交易的影响较低，说明了信息透明度对处于信息劣势的投资者具有更重要的现实意义（徐浩峰和侯宇，2012）。在缺乏统一标准和监管的情况下，可能导致信息披露的片面性和选择性，从而使投资者难以准确评估企业的可持续性表现。除此之外，随着 ESG 评级不确定性程度提高，ESG 表现对企业创新水平的促进作用相对减弱（方先明和胡丁，2023）。由此，造成企业 ESG 建设不尽人意，削弱

ESG 信息标准化建设和强制披露制度，从而降低企业 ESG 信息披露质量，阻碍企业创新，抑制企业高质量发展。

因此，尽管 ESG 信息披露有助于增加透明度，但仍需更多的标准化和监管来确保披露的真实性和可靠性，以提高投资者对企业可持续性表现的信任和准确评估。

三、投资产品过度宣传

ESG（环境、社会和治理）投资产品在发展过程中可能面临一些问题，如漂绿和虚假宣传。

（一）漂绿（green washing）

"漂绿"一词经常被用来指企业关注企业社会责任的突出方面，而忽视不可观察的方面（Wu 等，2020）。基于信息披露角度，漂绿是一种选择性披露行为。企业在官方网站、年度报告和可持续发展报告等公开信息中，选择性地披露有关企业环境或社会绩效的正面信息，而不予充分披露负面信息，从而营造整体上环境绩效良好的印象。企业通过选择性披露误导投资者或消费者，使其错误地相信所投资或购买的产品与环保、社会或治理标准相符。这可能导致投资者和消费者作出错误决策，使他们无法真正支持或获得真正环保或可持续的产品。有时企业或投资产品可能只是符合了某些表面性的 ESG 标准，而不是真正采取实质性的环境、社会和治理改进。大多数签署国利用 PRI 地位来吸引资本，但在 ESG 实施方面没有表现出有意义的后续行动（Kim 和 Yoon，2023）。这样的投资可能只是为了迎合投资者对可持续性的需求，而非为实现真正的可持续性目标。

有些公司为了短期利益可能发布绿色债券，突出其环保责任感，但却未实际采取行动，这被称为"漂绿"（Flammer，2021）。这种做法暗示公司的行为与其宣传的价值观不符，可能引起消费者和投资者对其企业文化和商业道德的质疑。虽然漂绿投资可能在外观上显示出一种影响力意图，并投资于与积极外部性相关的领域（如健康、教育、清洁能源），但却未能达到真正的意图性标准（Barber 等，2021）。可以看出，选择性披露会损害企业或机构的声誉，导致消费者和投资者对其产品或服务的质量产生怀疑，这也可能影响其未来的销售或投资。当投资者或消费者发现所投资或购买的产品并未如宣传的那样环保或符合社会责任标准，投资或支持的项目或公司并非真正环保或为社会负责时，实际问题未能得到解决，环境和社会所面临的挑战仍然存在时，他们会感到失望，并对公司或机构失去信任。这种失望和失信可能延伸到整个领域，影响其他实际上是真正可持续的项目或产品。

为降低漂绿所造成的风险，需要相关部门建立更严格的监管标准、加强对宣传内容的核查，确保其符合实际情况。此外，透明度和真实性的提升，包括独立的验证和认证机制，可以帮助投资者和消费者更好地了解真正的环保或可持续性特征。这样一来，漂绿行为将被减少，投资者和消费者也能更加信任可持续投资领域（Kim 和 Yoon，2023）。

（二）虚假宣传

虚假宣传一般是指经营者在实际经营过程中，对消费者提供的产品或者服务的真实情况和经营者在广告等宣传中所描述的商品或者服务的情况不相符合。基于定义统一性，目前针对环保、社会责任和治理领域缺乏统一的标准和定义。这使得企业或机构可以更容易地以模糊或不确定的术语宣传自己的产品或服务，因为缺乏标准定义导致难以对宣传内容进行实质性的核查。不同地区、不同行业、不同利益相关者对于可持续投资的标准和定义存在多样性，并且环境、社会和治理是相对主观和多元化的概念，不同机构或国家针对这些标准和定义有不同的看法和解释。如果缺乏对绿色金融活动和产品的清晰定义，投资者、企业和银行就难以识别绿色投资的机会或标的资产（克罗辛斯基和彼得，2018）。其次，不同行业或领域对可持续性的理解和应用也存在差异。例如，环保对于制造业和金融业的可持续标准可能会有不同的侧重点，导致标准和定义的多样性。不同行业对于"绿色"或"可持续性"的定义存在差异。例如，清洁能源行业和时尚行业的可持续性标准就有很大不同。一些行业可能拥有更明确的标准，而另一些行业则可能因为多元的可持续性定义而更容易进行虚假宣传。因市场需求的不同，不同行业可能会在不同程度上利用"绿色"或"可持续性"这一概念进行宣传。在产业链比较复杂和技术限制的行业特征下，环节多样性与技术复杂性使得一些行业无法立即达到较高的可持续性标准，这可能促使其进行过度宣传以减轻市场压力。因此可能更容易在某些环节宣传自身为"绿色"或"可持续性"，而在其他环节缺乏相关措施。

不同的标准制定者可能有不同的环保、社会或治理标准，因此一个项目或公司可能符合某一标准，但未必符合另一个标准。在《华尔街日报》的一篇文章中，2018 年 MSCI 对特斯拉的环境问题评价很高。相比之下，富时指数得出了相反的结论，在环境问题上对特斯拉的评价很差（Gibson Brandon 等，2021）。这种评价差异使得公司选择性地宣传符合其自身选择的标准，而无须考虑其他标准。此外，一些标准制定者可能在市场上缺乏权威性，其制定的标准未必被广泛认可，这就使得一些公司或产品可以选择性地遵循相对较低要求的标准，并宣传自己符合环保或可持续性要求，而不必遵循更严格的标准。每家评级机构都有各自的度量模型和方式，特别是对于人权、道德与反腐败等定性指标而言，度量方式具有很大的主观性，导致不同机构的评级结果存在较大差异（刘向强等，2023）。由于标准制定者的多样性，投资者可能难以识别哪个标准是最权威和适用的，导致混淆和不确定性。一些公司可能利用这种混淆，选择性地采纳某一标准并进行宣传，让投资者误以为其具有更高的环保或社会责任水平。

四、绿色产业发展的不确定性

可持续投资通常涉及新兴行业或领域，这些领域的市场不确定性较大。环保技术或可持续项目的市场发展可能受政策变化、技术进步、投资者情绪等多种因素的影响，导致投资回报的波动。

可持续技术的发展处于不断变化和创新的阶段，但在这个不断创新的过程中，技术的发展和商业化过程往往不稳定，使得投资者难以准确预测新技术的商业潜力和市场接受程度。在环保领域，一些新兴产业如太阳能、风能等尚处于发展阶段，其产业周期相对不稳定。投资回报受制于这些产业成熟度的不确定性，可能面临投资早期回报率低或发展周期长的风险。企业 ESG 表现对信息环境的优化以及对噪音交易的抑制均需要一定的时间才能发挥效应，因而短期内无法降低企业的特质性风险水平（杨有德等，2023）。对于短期投资者而言，它们可能更倾向于频繁交易，以追求短期利润。研究发现投资者似乎完全不愿意放弃金钱收益来支持绿色项目（Larcker 和 Watts，2020）。面对这些风险，投资者需要更全面地评估投资项目的风险和回报。采取多元化投资策略，平衡不同行业和资产类别，以分散投资组合风险。同时，需要进行详尽的尽职调查和风险管理，以更好地理解市场和项目本身的风险特征，从而更有效地应对投资回报波动风险。

投资者情绪对绿色产业发展不确定性有放大作用。投资者更加关注短期收益、做出情绪化的决策，而非基于长期可持续性的价值考量。这可能影响投资者对可持续投资长期潜在价值的认识和支持。随着中国证券市场的进一步规范，更多理性的机构投资者参与及公司透明度的逐步提高，投资者成熟度逐渐提升，投资者将更加关注盈余质量。高质量的盈余信息有助于投资者形成稳定而理性的预期，从而影响投资者信心（雷光勇等，2011）。情绪波动可能导致市场波动性的增加，这可能影响可持续投资领域的投资价值。情绪驱动的市场波动可能导致短期内可持续投资的波动性增加，但非基本面的波动将对投资产生不利影响。另外，情绪波动可能导致投资者作出不理性的决策，例如情绪化的买入或卖出，或者过度反映市场变化而改变投资策略，从而导致市场的不确定性增加，尤其是在环境、社会和治理方面的可持续投资，这可能使得投资者更难作出理性的长期投资决策。

五、资金流向失衡

随着可持续投资的发展，可能会出现部分资金过度集中在某些具有良好

ESG 表现的企业，导致其他具有潜力的企业得不到足够的投资，引发资金流向失衡的问题。

当前，越来越多的投资者声称其会秉持责任投资理念，即在制定投资决策时考虑企业的 ESG（环境、社会及治理）表现。因此，要获得供应商、政府、顾客等利益相关者的青睐，提升竞争力，企业必须重视自身相对于其他企业的绿色表现，并谋求绿色竞争优势（钱明等，2023）。因此，大部分资金可能过度集中在那些具有良好 ESG 表现的企业，使得其他具有潜力的企业得不到足够的投资，这种现象可能导致行业内外的竞争不平等。大型企业在 ESG 方面的表现往往相对较好，但中小型企业在这方面的进步也同样重要。绿色信贷政策呈现差异化效果，即《绿色信贷指引》实施有利于国有企业和大型企业的绿色技术创新（周肖肖等，2023）。由于资金流向失衡，中小型企业可能得不到足够的投资，从而影响其发展壮大，进一步加剧市场竞争不平等。在可持续投资中，某些行业因其良好的 ESG 表现而受到资金青睐，可能导致其他行业的资金需求得不到满足。这种现象可能导致产业结构的不平衡，影响整个经济的可持续发展。同样，某些地区因其良好的 ESG 表现而受到投资者的青睐，从而吸引了大量资金。而其他地区由于 ESG 表现不佳，可能得不到足够的投资，进而影响地区间的经济发展差距。研究发现，ESG 表现对盈余持续性的促进作用在非污染行业企业、国有企业以及市场化程度较高地区企业中更加显著（席胜龙和赵辉，2022）。

◎ 参考文献

[1] Avramov D., Cheng S., Lioui A., et al. Sustainable Investing with ESG Rating Uncertainty [J]. Journal of Financial Economics, 2022, 145（2）: 642-664.

[2] Barber B. M., Morse A., Yasuda A. Impact Investing [J]. Journal of Financial Economics, 2021, 139（1）: 162-185.

[3] Bril H, Kell G., Rasche A. Sustainable Investing: A Path to a New Horizon

［M］. New York：Routledge，2020.

［4］CFA Institute. Certificate in ESG Investing Curriculum ［M］. Virginia：CFA Institute，2023.

［5］De Angelis T. , Tankov P. , Zerbib O. D. Climate Impact Investing ［J/OL］. Management Science，2022，https：//doi. org/10. 1287/mnsc. 2022. 4472.

［6］Flammer C. Corporate Green Bonds ［J］. Journal of Financial Economics，2021，142（2）：499-516.

［7］Gibson Brandon R. , Krueger P. , Schmidt P. S. ESG Rating Disagreement and Stock Returns ［J］. Financial Analysts Journal，2021，77（4）：104-127.

［8］Kim S. , Yoon A. Analyzing Active Fund Managers' Commitment to ESG：Evidence from the United Nations Principledis for Responsible Investment ［J］. Management Science，2023，69（2）：741-758.

［9］Krosinsky C. , Robins N. Sustainable Investing：The Art of Long-term Performance ［M］. USA，UK：Routledge，2008.

［10］Larcker D. F. , Watts E. M. Where's the Greenium?［J］. Journal of Accounting and Economics，2020，69（2-3）：101312.

［11］Mobius M. , Von Hardenberg C, Konieczny G. Invest for Good：A Healthier World and a Wealthier You ［M］. London，New York：Bloomsbury Publishing，2019.

［12］Pástor L', Stambaugh R. F. , Taylor L. A. Sustainable Investing in Equilibrium ［J］. Journal of Financial Economics，2021，142（2）：550-571.

［13］Silvola H. , Landau T. Sustainable Investing：Beating the Market with ESG ［M］. Cham：Palgrave Macmillan，2021.

［14］Wu Y. , Zhang K. , Xie J. Bad Greenwashing, Good Greenwashing：Corporate Social Responsibility and Information Transparency ［J］. Management Science，2020，66（7）：3095-3112.

［15］Zerbib O. D. A sustainable Capital Asset Pricing Model（S-CAPM）：Evidence from Environmental Integration and Sin Stock Exclusion ［J］.

Review of Finance, 2022, 26（6）：1345-1388.

［16］［美］马克·墨比尔斯，卡洛斯·冯·哈登伯格，格雷格·科尼茨尼．ESG 投资［M］．范文仲，译．北京：中信出版集团股份有限公司，2021.

［17］蔡海静，汪祥耀，谭超．绿色信贷政策、企业新增银行借款与环保效应［J］．会计研究，2019（3）：88-95.

［18］翟胜宝，程妍婷，许浩然等．媒体关注与企业 ESG 信息披露质量［J］．会计研究，2022（8）：59-71.

［19］方先明，胡丁．企业 ESG 表现与创新——来自 A 股上市公司的证据［J］．经济研究，2023，58（2）：91-106.

［20］胡洁，于宪荣，韩一鸣．ESG 评级能否促进企业绿色转型？——基于多时点双重差分法的验证［J］．数量经济技术经济研究，2023，40（7）：90-111.

［21］姜广省，卢建词，李维安．绿色投资者发挥作用吗？——来自企业参与绿色治理的经验研究［J］．金融研究，2021（5）：117-134.

［22］雷光勇，王文，金鑫．盈余质量、投资者信心与投资增长［J］．中国软科学，2011（9）：144-155.

［23］雷雷，张大永，姬强．共同机构持股与企业 ESG 表现［J］．经济研究，2023，58（4）：133-151.

［24］李哲，王文翰，王遥．企业环境责任表现与政府补贴获取——基于文本分析的经验证据［J］．财经研究，2022，48（2）：78-92，108.

［25］李宗泽，李志斌．企业 ESG 信息披露同群效应研究［J/OL］．南开管理评论，2023，http：//kns. cnki. net/kcms/detail/12. 1288. f. 20230911. 1941. 006. html.

［26］刘柏，卢家锐，琚涛．形式主义还是实质主义：ESG 评级软监管下的绿色创新研究［J/OL］．南开管理评论，2022，http：//kns. cnki. net/kcms/detail/12. 1288. F. 20220905. 1521. 002. html.

［27］刘向强，杨晴晴，胡珺．ESG 评级分歧与股价同步性［J］．中国软科学，2023（8）：108-120.

［28］吕怀立，徐思，黄珍等．碳效益与绿色溢价——来自绿色债券市场的经验证据［J］．会计研究，2022（8）：106-120.

［29］毛其淋，王玥清．ESG的就业效应研究：来自中国上市公司的证据［J］．经济研究，2023，58（7）：86-103.

［30］［美］卡利·克罗辛斯基，索菲·彼得．三优投资：投资理论与实践的一场革命［M］．马险峰，王骏娴，秦二娃，译．北京：中国金融出版社，2018.

［31］祁怀锦，刘斯琴．中国债券市场存在绿色溢价吗［J］．会计研究，2021（11）：131-148.

［32］钱明，吕明晗，沈弋．同群正面环保叙述对企业绿色投资的溢出效应研究［J/OL］．管理学报，2023，http：//kns. cnki. net/kcms/detail/42. 1725. C. 20231019. 1802. 008. html.

［33］史永东，王淏森．企业社会责任与公司价值——基于ESG风险溢价的视角［J］．经济研究，2023，58（6）：67-83.

［34］谭劲松，黄仁玉，张京心．ESG表现与企业风险——基于资源获取视角的解释［J］．管理科学，2022，35（5）：3-18.

［35］王浩宇．资本市场开放会提高企业可持续发展能力吗？——基于企业ESG表现的研究［J］．财经问题研究，2023（7）：116-129.

［36］王馨，王营．绿色信贷政策增进绿色创新研究［J］．管理世界，2021，37（6）：173-188，11.

［37］文书洋，张琳，刘锡良．我们为什么需要绿色金融？——从全球经验事实到基于经济增长框架的理论解释［J］．金融研究，2021（12）：20-37.

［38］席龙胜，赵辉．企业ESG表现影响盈余持续性的作用机理和数据检验［J］．管理评论，2022，34（9）：313-326.

［39］谢红军，吕雪．负责任的国际投资：ESG与中国OFDI［J］．经济研究，2022，57（3）：83-99.

［40］徐浩峰，侯宇．信息透明度与散户的交易选择——基于深圳交易所上市公司的实证研究［J］．金融研究，2012，（03）：180-190，192，191.

［41］杨博文，吴文锋，杨继彬．绿色债券发行对承销商的溢出效应［J］．世界经济，2023，46（9）：206-236.

［42］杨有德，徐光华，沈弋．"由外及内"：企业 ESG 表现风险抵御效应的动态演进逻辑［J］．会计研究，2023（2）：12-26.

［43］姚圣，林云燕．经济政策不确定性与企业环保投资［J］．中国矿业大学学报（社会科学版），2023，25（1）：143-160.

［44］周肖肖，贾梦雨，赵鑫．绿色金融助推企业绿色技术创新的演化博弈动态分析和实证研究［J］．中国工业经济，2023（6）：43-61.

第二章　可持续投资效应

可持续投资的重要性在于因为结合环境、社会和治理因素，促进企业长期盈利、减少风险、保护环境和满足社会期待，吸引投资者和消费者，符合政策制度，推动经济长期稳健发展；也在于其对环境保护、社会责任和长期经济可持续性的促进。它不仅满足当代需求，也为未来世代提供可持续资源，并鼓励企业遵循道德和伦理标准，增强品牌价值，吸引更多投资者和消费者的支持，从而推动全球经济社会的健康发展。

第一节　可持续投资对市场的影响

一、资金流向

可持续投资是一种投资方法，它考虑了环境、社会和治理（环境、社会和治理因素通常被称为 ESG 因素）的影响。环境、社会和治理（ESG）评级在政策制定和学术研究中占据突出地位，也是投资实践中的热门话题（Gibson Brandon 等，2021）。这种投资方法旨在促进长期可持续发展，吸引投资者参与对环境友好和社会负责任的项目。这种投资方式已经对市场产生了一定影响，因为越来越多的投资者趋向于关注企业的环境和社会责任。它可能会引导资金流向那些在环境、社会和治理方面表现良好的企业或项目。它可以促进市场的发展，帮助提高环境、社会和治理标准，吸引更多投资并推动创新，为当地社区带来积极影响，有助于推动可持续发展和长期经济增长。

（一）债券市场

可持续投资能促进发展绿色债券和社会债券市场。S&P 全球评级最近的工作也表明，绿色市政证券支持的项目平均而言比绿色债券的总体环境效益更高。越来越多的投资者对环保和社会责任表现出兴趣。他们寻求将资金投资到符合他们的价值观和可持续发展目标的项目中，而绿色债券和社会债券提供了这样的机会。而且，大多数绿色债券和社会债券由稳健的发行机构发行，通常具有与传统债券相似的信用评级。绿色债券的发行能够通过传递承销商业务能力和绿色形象的信号来产生溢出效应，并且绿色债券发行获得了投资者对承销商的认可，带来其股票收益率的积极反应（杨博文等，2023），这可能降低投资者的风险顾虑。有学者发现，在发行绿色债券后，绿色债券发行人（与其他类似债券发行人相比）的所有权增加了长期投资者和绿色投资者。这些发现再次证实了信号论的论点——因为绿色债券提供了对环境承诺的可靠信号（Flammer，2021）。许多政府和国际组织支持绿色债券和社会债券的发行，通过提供激励措施或优惠条件来推动这些债券市场的增长。中国绿色债券市场在2015 年 12 月中国人民银行发布《关于在银行间债券市场发行绿色金融债券有关事宜的公告》和《绿色债券支持项目目录（2015 年版）》后正式拉开序幕，现在已成为全球绿色债券发行量第一大的市场（杨博文等，2023）。当然，可持续项目往往具有长期稳定的现金流，这使得投资者被绿色和社会债券的回报潜力所吸引。有研究表明，尽管预期回报较低，但绿色资产的表现优于棕色资产（Pástor，2021）。因此，对这些债券市场的投资可能会增加，因为它们与可持续发展目标的一致性以及相对稳定的金融属性吸引了越来越多的投资者。

（二）社区公益

可持续投资者往往支持社会项目和基础设施建设，如教育、医疗保健、基础设施改善等，这种投资动向有助于吸引更多资金流入新兴市场。慈善机构和非营利组织都是有目的的组织，它们有助于唤起社会同情，并通过满足捐赠者的需求来为他们提供回报。它们在新兴市场中发挥着重要作用，帮助提供基本必需品，如清洁水、医疗保健、学校、住房、能源、道路和其他基础设施。它们给捐赠者的回报是心理上的，包括慈善机构的善行为受益者带来的正面情感（墨比尔斯等，2021）。通过数据发现转向最近推出的社会基金的投资者减少了他们的捐赠，主要是在支持与社会基金类似的慈善事业上。然而，79%的转投社会基金的投资者在转投前没有进行过捐赠，因此社会基金吸引了更多人为社会事业提供资金（An 等，2023）。这种资金的注入有助于提高社会福祉水平，改善基础设施并提供更多的服务，使居民能够获得更好的医疗保健和教育资源。

（三）气候与环境

可持续投资可能导致资金流向气候变化和环境保护的项目。全球对气候变化和环境问题的关注不断增加。投资者意识到减少碳排放对抑制气候变化至关重要，投资环保技术和可再生能源成为一个解决方案。因此，环保技术和可再生能源领域则成为资金流向的方向之一。银行作为绿色信贷政策的实施主体，应当积极创造条件推行绿色信贷，采取差异化的定价引导资金流向更加环保的产业及企业（蔡海静等，2019），资金的引入可以用于减少碳排放、发展清洁能源，以及保护自然资源，从而帮助当地社区建立更为可持续的环境。此外，可持续投资可能会资助小型企业和初创企业，特别是那些致力于解决社会和环境问题的项目。这种支持有助于推动创新，鼓励创业精神，并为社会和经济带来积极变革。研究发现，绿色金融能够有效激励企业选择绿色技术创新策略，相对于非污染企业，污染企业的绿色创新表现更加突出（周肖肖等，2023）。不再受制于资金约束，技术创新不断推动成本下降，使这些领域变得更具竞争力和可持续性，从而帮助当地企业获得资金支持，促进经济增长。此外，研究表明将环境认知内化为高管意识有利于提升企业的环保执行力，会进一步鼓励企业绿色产品与绿色工艺创新，提升核心竞争优势（王辉等，2022）。

（四）社会影响

可持续投资将资金引导到那些追求积极社会影响的公司和行业，强调环境、社会和治理（ESG）标准。这种趋势鼓励投资者考虑公司的可持续性表现，并越来越多地选择支持那些在环境友好、社会责任和道德治理方面表现良好的企业。这种趋势推动了公司对 ESG 标准的关注，迫使公司改善其社会和环境足迹，进而引导了资金流向这些方向。投资公司将社会投资（SI）市场作为投资者实现财务回报和积极社会影响的一种方式。这些公司通过有选择地投资某些行业（如清洁能源），而不投资其他行业（如烟草）实现社会影响（An 等，2023）。这种趋势推动了资本市场和金融机构更加关注社会责任投资，并促使它们设计和推出更多以社会影响为导向的投资产品，如社会债券和可持续发展目标（SDGs）相关的投资工具。由于投资者越来越关注可持续发展目标，企业和政府部门倾向于实施更多的社会和环境友好政策，进而推动了更多资金流向社会投资方向，以实现共同的经济和社会利益。

然而，对市场整体资金流向的影响可能需要更长时间来体现，因为金融市场具有复杂性和多样性，投资决策受到多种因素的影响。

二、资源配置效率

可持续投资强调环境、社会和治理（ESG）标准。在投资决策中考虑这些因素可以降低企业面临的长期风险。例如，关注环境因素可能降低公司在面临未来的环境变化和环境灾害等方面的风险。

可持续投资强调资源的有效利用和管理，包括水、能源和原材料等。可持续投资鼓励企业投资清洁能源、节能技术和环保产业，从而促进这些领域的发展。党的二十大报告明确指出，要发展绿色低碳产业，健全资源环境要素市场化配置体系，加快节能降碳先进技术研发和推广应用，倡导绿色消费，推动形成绿色低碳的生产方式和生活方式（周肖肖等，2023）。可持续投资关注企业的技术创新、环境保护和产业链升级，有助于推动企业研发新型节能、节水、减排等技术，实现水、能源和自然资源的高效利用与保护，引导市场资源投向具有较高增长潜力和竞争力的行业领域。

可持续投资对资源的影响还体现在通过广泛纳入更多有效的 ESG 信息，建立科学全面的估值体系，引导资源向 ESG 表现优秀的公司倾斜、促进国有企业估值回归合理水平和服务中国式现代化建设等方面（史永东和王滉森，2023）。这种方法有助于优化资源配置，并推动经济向更为可持续的发展方向迈进。

三、投资者

在所有全球风险中，环境风险引起各国的广泛关注，其中气候风险现在是首要的风险。越来越多的投资者声称其会秉持责任投资理念，即在制定投资决策时考虑企业的 ESG（环境、社会及治理）表现。通过考虑气候变化、资源利用和污染管理等环境因素，投资具有良好环境管理实践的公司或行业，有助于降低投资组合面临的环境风险。研究发现，空气污染可能使投资者更容易受到处置效应和注意驱动的购买行为的影响（Huang 等，2020）。这意味着投资那些能够有效适应气候变化和减少碳足迹的公司或行业更有可能适应和应对未来环境挑战，如政策制度变化、资源短缺等。

可持续投资有助于提高投资者信心。研究发现碳信息披露对竞争对手存在负向溢出，能够降低竞争对手的股票回报率，迎合行为则对竞争溢出效应具有抑制作用（孙晓华等，2023）。在可持续投资的收益高于其他投资收益时，可持续投资能够满足投资者对收益预期，他们更容易保持情绪稳定，避免因市场波动而产生恐慌情绪。可持续投资关注企业的长期发展和可持续性，而非短期收益。这有助于投资者树立长期投资理念，从而降低市场波动对投资情绪的影响，提高投资者信心。与此同时，可持续投资强调投资者的社会责任，鼓励投资者在投资过程中关注环境、社会和治理因素。这种责任感有助于投资者更加审慎地进行投资，降低因盲目追求短期收益而导致的情绪波动，从而降低投资者对短期市场波动的敏感度，有助于投资者情绪的稳定。

可持续投资鼓励利益相关者认识到 ESG 对企业发展稳定性的积极影响。投资者在评估企业时不仅应关注财务绩效和市场表现，还要将企业的 ESG 表现纳入考量，以降低投资风险并获取持续性的价值回报。对企业而言，关注 ESG 表现对企业发展稳定性有积极影响，有利于识别可持续价值产出、降低企业风险（杨有德等，2023），从而更好地满足利益相关者不同的利益诉求。此外，投资者对 ESG 的高度关注也会促使企业更积极地进行 ESG 投入，形成可持续投资在市场中的良性循环。研究表明，投资者对 ESG 的关注反过来也将进一步激发企业进行 ESG 投入的动机，实现市场中 ESG 投资的良性循环，促进经济的可持续发展（杨有德等，2023）。这不仅是企业社会责任的一部分，更是投资决策中不可忽视的重要因素，对实现经济可持续性具有深远的影响。

可持续投资强调投资者教育的重要性，有助于提高投资者的金融素养和风险意识。为应对全球气候变化、推动我国绿色低碳发展，企业可能会采取减少温室气体排放、采用清洁能源和更高效的生产方式等措施来应对气候变化带来的风险。通过开展投资者教育活动，提高投资者的社会责任意识，让他们了解社会责任投资的重要性。投资者教育可以帮助投资者更好地识别具有良好社会责任表现的企业，理解市场动态，降低因误解或恐慌而导致的投资决策失误，从而引导他们关注和参与可持续投资。最终无论投资的影响如何，投资者在选择可持续投资时都会体验到积极的情绪（Heeb 等，2023）。

第二节　可持续投资对企业的影响

一、盈余持续性

企业盈余持续性是企业长期内实现稳定盈利的能力。为确保这一目标，企业应专注于环境、社会和治理（ESG）问题，以减少潜在的风险。通过关注这些方面，企业可以有效地降低面临未来法律诉讼、罚款或资产贬值的风险（墨比尔斯等，2021）。简而言之，注重 ESG 问题有助于提高企业的盈余持续性，创造更为稳健的经济表现。可持续投资要求企业严格遵守政策制度，规范经营行为，防范潜在的法律风险。比如，对环境友好的经营方式可能减少未来环境诉讼的可能性，减轻企业财务负担。企业可通过 ESG 风险评估、与利益相关方沟通等方式，了解和解决 ESG 问题，降低相关风险。可持续投资要求企业关注监管政策动态，确保业务合规。企业可通过加强与政府部门和监管机构的沟通与合作，及时了解政策变化，提前调整业务布局，降低监管风险。这将有助于企业避免因违规行为导致的罚款、停业等损失，降低企业经营风险。关注 ESG 因素有助于企业风险管理，减少环境和社会问题所带来的负面影响。这种长期性的风险管理有助于企业稳定增长，保障长期价值。

良好的 ESG 表现有助于提升企业价值。企业目前面临的最大挑战不是利润最大化，而是应对自然和社会经济环境变化带来的前所未有的风险和不可预测性，而这些因素对企业盈余持续性会产生负面影响。重视 ESG 表现体现了企业对于环境变化实施的行动。良好的 ESG 表现通过缓解融资约束、降低企业风险、促进绿色创新等路径助力企业盈余持续性的实现（席龙胜和赵辉，2022），促进公司的稳定增长和财务表现，这种提高的企业价值为企业提供了更多的融资机会和投资选择。

长期关注 ESG 的企业更有可能吸引长期投资者，因为长期投资者对企业的经营表现和长期增长更感兴趣。研究发现，企业 ESG 表现对盈余持续性具有显著的正向影响，即企业 ESG 表现越好，企业的盈余持续性越强（席龙胜和赵辉，2022）。关注社会责任和治理问题能提高员工满意度，创造更健康的工作环境和更高的员工忠诚度，这有助于提高员工效率和企业生产力，从而支撑盈余的稳定性。ESG 投资鼓励企业更注重长期可持续性，这种长期性的思考有助于企业规划更稳定、长期的盈余增长策略。ESG 表现好的企业通常可以获得更好的融资条件，比如低息贷款、投资者更愿意提供资金支持等，从而降低了资本成本。

良好的 ESG 表现有助于降低风险、提高企业价值、吸引长期投资者、提高员工满意度、促进长期战略规划，并可能降低资本成本，进而对盈余持续性产生正向影响。这些因素共同推动了企业盈余持续性的提高。

二、企业品牌形象

品牌价值提升对于企业而言是一项关键而可持续的投资，不仅在当下产生影响，更在长期创造价值。品牌声誉被广泛视为企业竞争优势的主要来源（Krosinsky 和 Robins，2008）。因为它不仅代表着产品或服务的质量，还反映了企业的核心价值观和社会责任感。企业通过塑造积极的品牌形象、提升品牌声誉、赢得消费者信任以及建立竞争优势，能够获得更长远的市场地位和持续发展。

（一）信任

信任是企业树立品牌形象的关键。ESG 表现是企业向外界传递其对环境和社会责任的承诺方式。通过实施可持续投资，企业展示了对 ESG 因素的关注，这可以增强与利益相关者（供应商、消费者、员工等）之间的信任（吕怀立等，2022）。基于信号传递理论，在信息不对称的情况下，ESG 实践可以被视为一种信号传递机制。企业通过展示对环境、社会和公司治理的关注和投入，有助于减轻信息不对称可能带来的负面影响，ESG 表现为企业形成了一种良好的品牌形象，为赢得利益相关者的信任创造了基础。信任是培养消费者忠诚度的关键。如果企业在可持续投资方面表现出色，消费者更有可能成为忠实的顾客并积极传播企业的正面口碑，这有助于提高品牌价值。

（二）合作

信任的建立在企业与利益相关者之间达成了共识和信心，有利于促进企业的沟通和合作。通过对 ESG 的专注，企业能够树立可信赖的形象。由于信息不对称性的客观存在，利益相关者更倾向于与信誉良好的企业合作。ESG 表现有助于减少信息不对称程度，降低企业经营风险（谭劲松等，2022），促进了更加稳固和长期的商业合作，因此供应商更愿意提供有利的交易条件，包括更优惠的价格和更快的交付速度；金融机构也更愿意提供有利的融资条件；客户更倾向于购买信任度更高的企业产品或服务。有研究表明在不考虑持续性投入的情况下，企业与利益相关者建立的社交关系会随着时间的转移而逐渐终止（杨有德等，2023）。当利益相关者信任企业的承诺和行为时，有助于建立长期的商业关系，提高效率和质量，降低交易成本，使得利益相关者更愿意与企业建立合作关系。因为重视 ESG 的企业无论是在客观还是主观上都会将自身履行社会责任的信息披露给公众，借此树立起负责任的形象和良好声誉（谢红军和吕雪，2022）。这种形象和声誉不仅促进了合作和稳定的关系，也有利于利益相关者对企业的长期发展产生积极的期望和信念，从而提高企业的运营效率，进而促进销售和市场份额的增长。他们的信任和支持是企业日常运营和长期发展不可或缺的因素。企业在社会责任方面投入的努力能够打造出一个积极的声誉，提高对客户、供应商和员工等利益相关者的吸引力，从而在日常业务活动中获得更大的支持，提高合作伙伴的忠诚度，进而促进业务的持续发展。

（三）社会责任

注重 ESG 问题的企业更有可能在社会和环境方面扮演负责任的角色，从而赢得消费者等利益相关者的信任。举例而言，企业积极推动社会影响和体现道德行为使品牌更具吸引力，有助于提升其声誉。消费者倾向于选择那些表现出对社会和环境负责的品牌。这一趋势推动企业加大可持续投资，进而提升品牌价值。因此，为了赢得供应商、政府、顾客等利益相关者的青睐，提升竞争力，企业必须重视自身在绿色实践中相对于其他企业的表现，追求绿色竞争优势（钱明等，2023）。这一积极的 ESG 实践有助于构建长期的品牌忠诚度，从而获得长期发展的支持。

（四）信息透明

可持续投资通过提高信息透明度树立积极的企业形象。对企业而言，这种积极的 ESG 表现可以在信息不对称的环境中发挥作用。信息透明使投资者能够更全面地评估企业的风险和机会。相对于散户而言，信息披露透明度对具有信息分析优势的机构投资者交易的影响程度较低，说明了信息披露透明度对于处于信息劣势的投资者具有更重要的现实意义（徐浩峰等，2012）。ESG 数据的公开有助于投资者作出更明智的投资决策，从而支持那些积极实施可持续经营的企业。ESG 的高透明度和高质量披露能够提供更多真实、客观的信息。在激烈的市场竞争中，积极实践可持续投资并公开信息有助于企业树立与竞争对手不同的形象，使消费者和投资者更倾向于选择并支持这样的企业；同时降低了信息不足或不对称所带来的信任缺失，使相关者能够更好地了解企业在 ESG 方面的实践和表现，从而增进对企业的信任。

在信息不对称的环境中，ESG 扮演着至关重要的角色。建立信任对于加强合作关系、降低交易成本、提高商业运作的效率和稳定性至关重要。虽然 ESG 对企业品牌价值的积极影响已经得到证明，但需要注意 ESG 不确定性的增加可能会对企业形象产生一定程度的削弱。如果 ESG 的不确定性增加，企业可能更倾向于降低风险而非探索新领域，在 ESG 方面的创新投资减少，这可能对企业长期创新能力产生负面影响。

因此，可持续投资强调 ESG 表现能够对企业品牌价值产生积极影响。企业需要及时披露 ESG 相关信息，建立更加稳健和透明的 ESG 实践，积极塑造企业在利益相关者和员工心目中的形象和信誉，以保持信任并降低各方面的负面影响，为企业提供更多资源和支持。

三、创新与竞争优势

（一）绿色创新

可持续投资强调企业重视绿色创新。越来越多的公司正在将碳排放控制、脱碳和其他 ESG 目标纳入其业务战略当中，试图寻求多种方法形成差异化以获得竞争优势（Bril 等，2020）。着眼于环境和社会责任能够驱使企业主动寻求创新以提升竞争优势。企业需要寻找环保、可持续的生产方式来放大其优势，包括产品设计、材料和能源使用等方面的创新。

在当今商业环境中，可持续投资逐渐成为推动企业创新和提高竞争力的关键途径。比如在合法性视角下，空气污染加剧了企业经营的不确定性，使得企业感知到更大的外部压力（潘玉坤和郭萌萌，2023）。当经营战略调整为降低不确定性时，企业需要创新。因为创新是企业应对市场不确定性的核心所在，是公司和投资者可以在不断变化的受限制环境中，保持竞争优势并取得成功的重要原因（克罗辛斯基和彼德，2018）。通过可持续投资获得的创新资源则会推动研发新技术，如可再生能源、废弃物再利用等，推动企业朝着更可持续的路径前进。

此外，绿色债券能够显著提升发行主体的绿色创新水平，主要体现在绿色发明专利和绿色实用新型专利两个方面，且发行绿色债券对二者的促进作用均具有动态持续性（王营和冯佳浩，2022）。通过更有效的流程、资源管理和技术创新，企业能够降低成本并提高生产效率。例如，减少能源浪费和提高供应链效率，都能够节省成本并使企业更具竞争力。

发展可持续投资有助于企业推动技术创新，应对风险不确定性、降低生产成本、提高资源利用效率，从而形成独特的创新优势，提高差异化壁垒。

（二）员工创新

ESG 的影响力还会延伸到企业内部，激励员工参与更有意义和可持续的创新工作。员工在一个受重视的环境下，会更有动力创造和推动创新。这种情况下，员工更倾向于与企业愿景和价值观相符的创新项目，从而激发个人主观能动性。这不仅能够实现个人价值，还能提高创新效率。可持续投资者通过投资可持续性项目表达了他们价值观的同时，也在积极地影响着公司。因为这类投资者追求更低的资本成本和更满意、更有动力的员工带来的好处（Swedroe 和 Adams，2022），进而为企业创新输送稳定的资金，为员工开展创新研发提供保障。

公司通过积极的 ESG 实践和表现，传递出一种对社会和环境负责的形象，这种形象有助于员工对公司产生信任感和归属感。重视 ESG 问题，特别是社会责任方面，可以增加员工的归属感和满意度。当员工感到他们所在的企业是一个具有社会责任感的组织，他们更愿意投入时间和精力来支持公司的使命和目标，包括参与创新活动。良好的 ESG 表现可以激发员工的内在动机。员工在一个重视社会责任的企业中更容易激发创新意识，因为他们的工作不仅仅是为了企业利润，而且让他们认为他们所做的工作对社会和环境有积极影响。这种内在动机有助于激发员工更具创新性地思考和解决问题。ESG（环境、社会和公司治理）优势成为提高就业水平、实现稳就业目标新动力的同时（毛其淋和王玥清，2023），公司的 ESG 表现和价值观也能够吸引具有相似价值观的员工，这些员工往往更有可能与公司保持长期合作。长期的员工关系和企业文化的一致性有助于创造一个更加有利于创新的工作环境。

此外，关注可持续发展的企业更能吸引优秀人才，因为这些企业通常被认为对员工福利和社会责任更为重视。研究发现 ESG 优势在更大程度上增加了企业对中高技能劳动力以及与 ESG 活动密切相关岗位的劳动力的雇佣，促进了劳动力的有效配置，缓解了结构性就业矛盾（毛其淋和王玥清，2023）。这种优势有助于留住优秀员工并提升员工忠诚度，为企业的长期发展提供了竞争资源。

（三）需求创新

可持续投资推动新的市场需求和趋势。随着消费者越来越关注产品的环保和社会责任属性，这促使企业不仅仅迎合传统的需求，还需满足新兴的环保意识，新的市场需求要求企业投入更多研发，不断推动技术和解决方案的创新，促使企业开发更环保、更可持续的技术，以满足消费者和市场的新需求。这又催生了新的创新和产品开发。研究发现，ESG 表现不仅提高企业创新产出数量，还有助于提升创新质量（方先明和胡丁，2023）。当企业注重可持续发展时，会积极创新开发环保产品和解决方案，使其与传统产品区分开来。这种差异化不仅能满足新的市场需求，也能推动企业寻求创新。

（四）竞争优势

可持续投资对创新和竞争优势产生正面影响，因为它鼓励企业在解决环境和社会问题时寻求创新方法，为企业长期竞争提供了坚实基础。可持续投资鼓励企业发展新技术、新产品和新服务，以解决环境和社会挑战。这种创新导向使企业更具有竞争力，因为它们在不断寻求创新方法来满足市场和政策制度的不断变化。进一步释放 ESG 红利是改善资本市场信息环境、提高资本市场资源配置效率、促进上市公司高质量发展的必要手段（方先明和胡丁，2023）。通过关注环境、社会和治理问题，这使得企业能够更快地应对消费者偏好和政策制度变化，更好地理解并适应市场趋势，把握市场机遇，从而在竞争激烈的市场中保持灵活性，帮助公司和投资者均可以使自身更有能力在不断变化的受限制环境中，保持竞争优势并取得成功（克罗辛斯基和彼德，2018）。可持续投资的践行能够激励企业优化资源利用、降低能源和原材料消耗。研究表明：进一步释放 ESG 红利，是改善资本市场信息环境，提高资本市场资源配置效率，促进上市公司高质量发展的必要手段（方先明和胡丁，2023）。通过推进清洁技术和更有效的生产流程，企业能降低生产成本，提高资源利用效率，从而获得竞争优势。如发行绿色债券可以通过增加研发投入和降低代理成本的途径促进绿色创新（王营和冯佳浩，2022）。这种效率提升使企业能够降低生产成本，提高竞争优势。综合来看，可持续投资提升了企业的创新能力和市场竞争力，使企业更加适应变化，满足市场需求，并赢得消费者和投资者的认可。

四、供应链

可持续投资决策对于企业供应链静态和动态博弈研究产生多重影响（刘家国等，2022）。企业管理供应链的过程中，在上游和下游发现了新的相关风险和机会（Krosinsky 和 Robins，2008）。从短期与长期策略的协调角度分析，这种研究使企业能够更好地协调短期和长期投资策略，确保在不同时间段内作出的决策相互协调、互相支持，有助于持续性的战略规划。从降低环境影响角度分析，引入低碳技术投资方面的静态和动态博弈分析，能够促进更为环保的决策，降低供应链的环境影响和碳排放。从提高供应链稳定性角度分析，长期投资稳定策略的考量有助于提高整个供应链的稳定性，减少不确定性对供应链运作的影响，从而使其更具韧性和持续性。综合多方因素考虑，博弈理论有助于理解政府碳排放规制和碳交易市场因素，以及不同利益相关者之间的合作与竞争关系，进而优化供应链各方间的合作，使得企业在决策时综合考虑了多方因素，从而促进合作与共赢。综合来看，这种静态和动态博弈研究为企业供应链提供了更全面和长远的决策视角，从而促进了可持续投资决策的优化，减少环境影响，提高整体效率和稳定性。

五、风险承担水平

企业 ESG 表现的风险抵御效应呈现出"由外及内"的动态演进规律（杨有德等，2023）。在当期阶段，企业的 ESG 表现通过获取利益相关者的支持，从而降低外生系统性风险的冲击。这是通过建立良好的声誉、降低社会和环境风险，提高整体稳定性的方式来抵御外部风险。当期之后，ESG 表现开始在内部发挥更大作用。它不再主要缓和外部系统性风险，而是通过提高信息透明度和抑制噪音交易，从而减少企业内部特质性风险的影响。这种作用类似于提高公司治理水平，降低内部风险的发生概率。

（一）缓和外生系统性风险

研究发现 ESG 表现对企业风险具有显著的抑制作用（谭劲松等，2022）。风险承担水平是投资者考虑是否进行投资的关键因素。当期来看，其风险抵御效应主要通过缓和外生的系统性风险冲击发挥效应，对特质性风险无显著影响（杨有德等，2023）。良好的 ESG 表现有助于企业传递积极的社会形象信息，这可以改善企业与利益相关者的关系，包括员工、债权人、客户和政府等。

可持续投资通过在社会和环境问题上的积极表现，使企业能够获得更多的信任和支持。这种信任和支持可能减少外部利益相关者对企业创新活动所带来的负面影响的担忧。绿色债券发行以后能够显著提升发行企业的股票超额收益，并同时降低股价暴跌风险（陈奉功和张谊浩，2023）。特别是在进行创新活动时，ESG 表现良好的企业更容易获得利益相关者的支持，从而减轻了外部压力和质疑，使企业更有动力和信心去承担风险。当企业在 ESG 方面表现出色时，这种正面的社会形象有助于化解关联利益相关者之间的潜在矛盾和负面影响。这进一步为企业提供了更多支持，包括政策支持、投资支持以及员工和消费者的信任，从而减轻了在创新活动中可能面临的风险压力，鼓励企业更勇敢地追求创新和变革。基于利益相关者理论和信号传递理论的基础，ESG 建设向利益相关者传递了企业负责任的社会形象信息，增加了社会对企业的信任。这种信任增进了与利益相关者（包括员工、供应商、消费者等）的良好关系，提高了利益相关者的风险承担水平。

（二）抑制内生特质性风险

可持续投资强调通过提高信息透明度、改善内部治理、关注员工福利和管理供应链，有助于降低企业内生特质性风险。良好的 ESG 表现提高了企业在消费者市场的吸引力。越来越多的消费者更倾向于购买来自注重环保和社会责任的企业产品或服务。这种认可帮助企业获得高质量交易，增加消费者忠诚度，同时在供应链中获得更稳定、更可靠的伙伴关系。这能提高企业从利益相关者渠道获取资源的能力，降低企业风险（谭劲松等，2022）。ESG 表现良好的企业通常更容易吸引投资者和债权人，通过投资者和债权人渠道获取更低成本的融资（谭劲松等，2022）。投资者愿意投资那些考虑 ESG 因素的企业，因为这些公司通常被视为长期价值创造者。这使得企业能够以更低的成本获得资金，减少融资成本并提高资本的可获得性。政府和相关机构通常通过激励政策和补贴来支持符合 ESG 标准的企业。这包括减税、补贴和其他形式的支持，以鼓励企业朝着更可持续的方向发展。ESG 表现良好的企业更有可能获得这些政策支持，降低经营成本并提高竞争优势，进而实现降低内生特质性风险。这种综合影响有助于确保企业内部更稳定、更可靠地运营，减少内部风险带来的潜在损失。

六、环境与资源风险管理

可持续投资与企业风险管理之间存在着紧密的关联。有学者认为，在未来五年内，气候风险是对企业和投资者最重要的风险（Stroebel 等，2021）。ESG因素不仅可以作为风险管理的一部分，还直接影响着企业在风险管理方面的表现和策略。良好的 ESG 表现对企业风险有抑制作用，提高了企业的可持续性和稳定性。

ESG 因素帮助企业识别并管理潜在风险。企业环境管理评价主要包括气候变化和碳排放、自然资源的管理和使用、环境污染和废弃物的处理、能源的有效性和安全性（胡洁等，2023）。ESG 因素提供了风险管理的警示标志，企业通过有效的 ESG 实践可以降低风险发生的可能性，从而更好地保证经营稳定性。

环境风险主要包括企业可能面临的气候变化风险，如极端天气事件、自然灾害等，可能导致生产中断、供应链中断或资产贬值；资源的耗竭可能带来供应链中断、生产成本上升，或因资源过度使用引发社会压力；环境破坏、污染和生态系统崩溃可能导致企业面临诉讼风险、制度压力和品牌损害。在国际上，可持续发展已成为主流趋势，而我国近年来也提出了"双碳"目标，强调经济高质量发展。这些都会从根本上改变我国企业经营的外部环境，扩大环境风险对企业经营的影响（潘玉坤和郭萌萌，2023）。面对环境风险，可持续投资鼓励企业采取更环保、低碳的经营方式，包括使用可再生能源、减少碳排放、提高能源效率等，从而减少对气候变化的负面影响，降低企业和整体社会面临的气候相关风险，例如减少极端天气事件对业务的影响。

ESG 作为企业的一种管理和运营模式，可以帮助企业更好地适应环境保护壁垒。已有研究表明，绿色投资者有助于提升企业环境治理绩效，推动企业绿色可持续发展，有效引入绿色投资成为企业绿色高质量发展的关键。绿色投资者对企业绿色创新数量、质量以及 ESG 绩效皆产生正向积极影响，同时也对企业经济绩效产生明显的提升效果，提高企业生产效率（王辉等，2022）。通过符合环保标准、提升环保形象和推动绿色创新，ESG 可成为企业的战略工具，帮助其克服环境保护壁垒，实现可持续发展。这些隐形壁垒可能会给企业带来额外的成本和限制，但良好的 ESG 表现有助于企业克服这些问题，提高企业在市场竞争中的地位，并促进其发展和创新。

面对资源风险，可持续投资注重资源的有效使用和管理，鼓励企业采取循环经济模式，降低对资源的过度消耗，减少环境破坏和生态系统崩溃风险。这有助于缓解由资源不可持续所带来的供应链中断和法律压力。除此之外，可持续投资不仅是鼓励企业采取更负责任的生产方式，包括减少污染和环境破坏，从而减少可能产生的环境诉讼、监管风险和品牌损害，而且企业也能通过可持续投资更好地管理其在社区和生态系统中的影响，降低相关的风险。

七、公司治理

可持续投资在抑制公司治理风险方面发挥着重要作用。良好的 ESG 表现能够帮助企业从消费者和供应链渠道获取高质量交易和更多利润，从投资者和债权人渠道获取更低成本的融资，从政府渠道获取政府补贴支持。通过提高企业从利益相关者渠道获取资源的能力，降低企业风险（谭劲松等，2022）。这种投资方法有助于降低公司治理风险，促进更透明、更负责任的企业经营。

其一，可持续投资鼓励企业更全面和清晰地披露 ESG 信息，以展现企业在环境、社会和治理方面的表现，从而提高公司治理的透明度。这种透明度有助于投资者和利益相关者更好地了解企业的运营状况，强调企业对自身行为负责。如由于信息不对称，高碳企业会主动披露更多的碳信息来争取更高的合法性，以影响投资者的判断和决策（吴育辉等，2022）。这就促进了公司治理透明度的提高，缓解了信息不对称，降低投资风险，使得投资者和利益相关者更了解企业的经营状况。通过 ESG 实践的披露，企业需要对其行为负责，并被监管、投资者和公众要求对所作出的承诺负责。这种问责制激励企业制定并执行更严格的战略、政策和实践，以确保其 ESG 表现符合承诺，并促进公司持续改进。

其二，可持续投资重点关注 ESG 因素，这种关注有助于企业更好地管理风险。可持续投资强调环境、社会和公司治理（ESG）的因素，使企业更加注重全面的风险识别和评估。这种全面性的风险视角有助于企业更全面地了解潜在的风险来源，包括环境变化、社会压力、治理不善等方面。通过集中关注环境、社会和治理问题，企业能够采取预防措施来降低可能的风险，例如，采用环保技术降低环境污染风险，改善员工福利来降低劳资关系风险，以及加强公司治理来减少内部管理风险。提前发现和解决潜在问题的概率提升，有助于预防可能对公司治理造成的负面影响（Noe，2002）。企业注重可持续投资通常会拥有更灵活和有效的风险管理策略。通过对环境和社会风险的预测和规划，企业更能够加强应对风险的准备和灵活性，减少不可预见事件带来的影响。通过这种全面的风险管理视角，企业能够更好地维护稳定性并提升长期价值。

其三，可持续投资倡导更多股东参与，培养社会共同体意识。ESG 关注企业的社会责任和长期可持续性（史永东和王淏淼，2023），也影响了股东对公司长期价值的看法。这种关注促使股东重视长期利益而非短期利润的目标投资，引导了公司管理层朝着更为可持续的经营方向发展。这使得企业治理结构更注重相关者的利益，从而平衡了不同主体的诉求，避免追逐短期利益，确保公司长期可持续经营。可持续投资原则塑造出更强调社会责任的共同体意识。股东参与通过促进对社会和环境问题的共同关注，推动企业管理层更注重社会责任履行，并通过合理的经营实践回馈社会，增进公众信任。

其四，可持续投资吸引那些更注重公司治理和 ESG 因素的投资者。环保友好型企业为了防止利益相关者的逆向选择倾向于自愿披露较多的碳信息，与高碳企业划清界限，增强企业的信息透明性，吸引投资者的青睐（吴育辉等，2022）。企业通过更好的治理实践吸引这些投资者，因为这些投资者对公司治理风险持更为敏感的态度。吸引这些投资者提供了更稳定的资金来源，并减少了投资者关系方面的不确定性。

八、融资成本

可持续投资与融资约束之间存在密切关系。可持续投资的实践直接影响了企业在融资市场中所面临的融资约束，高成本和严格的融资条件加强了这些企业的融资约束，迫使它们更加努力地解决环保问题，以降低融资成本并改善其可持续发展的形象。

参与可持续投资的企业往往能够获得更低的融资成本。如面对严重的空气污染，企业提升 ESG 表现有助于缓解其未来的融资约束，并获得更高的市场估值（潘玉坤等，2023）。可以看出，具备良好 ESG 表现的企业更受投资者和融资者青睐，因为投资者更倾向于支持那些表现良好并展现出社会和环境责任感的企业。坚持传统经营模式的企业可能面临着更高的资金成本，因为它们的环保和社会责任表现较差，风险较大，造成投资者对其提供资金持谨慎态度。因此，与那些 ESG 表现不佳的企业相比，注重 ESG 的企业更有可能获得较低成本的资金。

践行可持续投资通常更能吸引可持续投资者和社会责任投资者的支持，缓解融资成本约束。ESG 表现出色的企业更可能通过各种渠道获取资金（谢红军和吕雪，2022）。绿色投资者更愿意向 ESG 表现优异的企业提供资金，通过更优惠的融资条件，如低利率或更灵活的还款条件降低企业的融资成本。此外，银行业发布的绿色贷款、绿色债券等这些专门的融资工具通常以更有利的利率来减少融资成本。随着企业融资约束的降低，优秀的 ESG 表现能提高企业的可持续性和长期发展性，这吸引着投资者和金融机构更愿意支持这样的企业。可持续投资通过引导资金流向环保领域，有助于放松环保企业的融资约束。融资成本会对企业绩效产生影响，环保友好型企业可能更容易获得资金，因为它们符合可持续发展的标准和要求，从而吸引更多投资者的关注。通过研究发现，可持续性对美国共同基金市场的影响显著。作者提供了投资者整体重视可持续性的因果证据：被归类为低可持续性的基金净流出超过 120 亿美元，而被归类为高可持续性的基金净流入超过 240 亿美元（Hartzmark 和 Sussman，

2019）。

当资金流向绿色金融时，可以缓解降低融资环境风险，进而降低融资成本。基于传统金融功能视角，绿色金融能够优化资源配置，引导资金从污染领域流向绿色领域，一方面放松环保企业融资约束、促进其创新投资；另一方面绿色信贷主要通过增加流动性债务融资和企业利润来促进污染企业绿色技术创新（周肖肖等，2023）。从环保企业融资出发，绿色金融的支持能够降低环保企业的融资成本，因为这些企业在符合绿色标准方面表现更好，减少了环境和政策制度风险。环保友好型企业通过提高碳信息透明度的方式传递自身环境绩效，进而对其融资成本有降低作用（吴育辉等，2022），这有助于企业更轻松地获取资金，并且鼓励它们在创新和环保方面进行更多的投资。从环境风险出发，通过资金流向绿色领域，绿色金融帮助降低了环境风险。环保企业的发展能够减少环境污染和资源过度使用的风险，改善公司的声誉和遵循环保政策制度的能力。因此，绿色金融在融资成本方面具有重要作用。它有助于降低环境风险和社会风险，促进创新和环保投资的同时通过加强融资约束，促使污染企业更注重环保和社会责任。这种双重作用有助于优化资源配置，降低环境风险，并为金融机构提供更稳健的投资环境。

此外，可持续投资实践也提高了污染企业的融资成本。通过研究 ESG 因素影响绿色和棕色资产的相对表现，发现 ESG 因素的积极实现促进了绿色资产表现，同时损害了棕色资产表现（Pástor 等，2021）。绿色金融加强了污染企业的融资约束，导致其融资成本上升，这种成本的提升可能包括利率上涨、贷款条件更为严格、融资机会减少等，迫使这些企业面对更高的融资成本。受严格环境规制影响，高碳企业面临环保处罚的风险更大，进而投资者会索要较高的风险溢价（吴育辉等，2022）。因此碳信息披露对其融资成本产生正向影响，使其融资成本上升（吴育辉等，2022）。高融资成本增加了污染企业的财务压力和融资难度，使其面临更高的金融压力。这种压力促使污染企业受到了倒逼作用，努力地寻找降低成本的方式，并迫使它们更加关注环保措施和绿色技术创新，以符合市场需求和降低融资成本。为了降低融资成本和适应市场环境，污染企业开始转向更为环保的生产和经营方式。这迫使污染企业改变现有的商业模式，并加速向更环保、可持续的模式转型，以适应市场需求和融资条件。ESG 优势不仅能从内部降低企业跨境投资的资本成本（主要是债务成本），缓解融资约束，而且在面临不同的东道国 ESG 时，可以灵活利用社会和治理方面的优势、克服环境因素引起的外来者劣势，进而提升企业的 OFDI 活动（谢红军等，2022）。

因此，融资成本会对企业行为产生影响。高融资成本促使传统企业采取源头防治和末端治理活动，以降低融资成本。反之，低融资成本则鼓励环保友好型企业加大对绿色项目的投入，以提升企业环境绩效。

九、社会责任

可持续投资鼓励企业承担社会责任。在企业社会责任活动关注方面，企业在投资者情绪的影响下提高了社会责任绩效（Naughton 等，2019）。具体来说，投资者在选择投资标的时，不仅仅考虑财务回报，还考虑了公司的社会责任表现。这种需求部分源自投资者的情感需求，他们愿意支持那些积极影响社会和环境的企业。同时，许多企业已经意识到，积极的社会责任表现可以成为竞争的优势。这不仅可以吸引更多的投资者，还可以增强公司的声誉和品牌价值。因此，企业开始采取措施来提高其社会责任表现，以吸引更多情感驱动的投资者。一些企业还为投资者提供激励，以支持他们的社会责任目标。这可能包括股东提案、投票权和奖励计划，以鼓励投资者在企业社会责任问题上积极参与。

企业对社会责任的承担不仅是考虑投资者情绪，还需考虑是否能够带来经济利益。站在企业的角度，企业的社会责任主要表现为在其业务范围内，充分利用其资源进行能够增加其利润的活动（Keeley，2023）。企业积极履行社会责任有助于长期盈利，投资于环保和社会责任的项目或政策有助于降低未来潜在的环境和社会风险，提升公司的长期可持续盈利能力。这种偏好引领投资资金流向致力于可持续发展的企业和项目，从而推动了可持续投资的发展。投资者对 ESG 表现优异的公司要求更低的收益率（史永东和王淏淼，2023），他们更倾向于将资金投向那些注重环境和社会责任的企业，为企业提供更多的资金支持，这进一步推动了可持续投资的增长。企业积极履行社会责任有助于提高企业形象和声誉，增强品牌吸引力，并能获得消费者和投资者的认可。企业履行社会责任已成为自身可持续健康发展的核心竞争力之一，同时也是提升公司价值的重要手段（史永东和王滉森，2023）。投资者越来越关注 ESG 因素，对符合可持续发展理念的企业更为支持。企业如果想要获得供应商、政府、顾客等利益相关者的青睐，提升竞争力，必须重视自身相对于其他企业的绿色表现，并谋求绿色竞争优势（钱明等，2023），吸引更多资金投入这些企业，形成提高融资机会和降低融资成本的优势。

企业需要基于投资者对社会责任的情感需求作出积极响应。企业承担社会责任不仅有助于增强投资者信心，还能增加投资者的信任和忠诚度。因此，社会责任作为企业的一种竞争优势，能够吸引更多情感驱动的投资者。这一观点凸显了企业与投资者之间的互动关系，以共同实现可持续性目标。

第三节　可持续投资对社会的影响

一、劳动力市场

可持续投资对劳动力市场产生多重影响。首先，可持续投资鼓励企业采用更加环保和对社会负责任的做法，有助于催生出新的就业机会。其次，对 ESG 因素的重视也推动了企业重组和改革，需要更多专业人才来支持公司的可持续性努力。最后，随着投资者对企业 ESG 表现关注的增加，相关领域的研究和咨询需求也会增加，为从事 ESG 评估和顾问服务的专业人士提供就业机会。因此，可持续投资的兴起对劳动力市场会产生积极影响。

可持续投资的一个显著影响是创造新的就业机会。这种投资模式支持注重环保和社会责任的企业，从研发、生产到销售、运营等各个领域，促进相关行业的增长，例如可再生能源、清洁技术、循环经济等，这将带来大量新的工作机会。研究发现 ESG 优势显著提高了企业的就业水平，其中 ESG 优势的就业提升效应对于中西部地区企业、劳动密集型企业和非重污染企业更为明显（毛其淋和王玥清，2023）。

可持续投资的发展也带来了对各种新技能的需求。因此，人们需要获取和提升与可持续发展相关的技能，例如绿色技术、可再生能源、环境管理、社会责任等。这可能会导致培训和教育领域的增长，以满足市场对于这些新技能的需求。从就业动态变化角度看，ESG 优势提高了就业创造，降低了就业破坏，同时对企业就业技能结构产生影响，发现 ESG 优势在更大程度上增加了企业对中高技能以及与企业 ESG 活动密切相关的劳动力的雇佣，促进了劳动力资源的有效配置（毛其淋和王玥清，2023）。

可持续投资者通常注重企业的社会责任，包括改善劳动条件和确保员工权益。这可能意味着更好的薪酬、更安全的工作环境、更全面的福利等，从而改善员工的生活质量。对贫困社区来说，有才华、技能和经验的人向社区居民提供志愿服务，与向他们提供金钱同等重要（墨比尔斯等，2021）。可持续投资模式鼓励企业培养员工在可持续性方面的专业知识和技能。这种关注可持续发展的企业倾向于提供员工培训和发展计划，使员工更具备应对未来挑战的能力。对安永来说，还有其他一些回报具有财务价值，比如员工的个人发展（墨比尔斯等，2021）。这样的投资对员工意味着更多的成长机会和职业发展空间。

可持续投资通常注重包容性和社会公平。它有助于为不同社会群体创造机会，包括妇女、少数族裔和弱势群体。这有助于缩小就业机会的差距，促进社会的包容性和公正。这正是"S"的内容之一，以预防或解决与人权和劳工权利、环境和投资腐败相关的不利影响（CFA Institute，2023）。

通过减少失业率、为市场提供更多适应未来就业的人才、提高社会包容性和促进技能发展，可持续投资间接促进市场稳定和经济增长。这种影响对于社会的整体繁荣和稳定具有重要意义。

二、社会稳定性

可持续投资作为一种策略和理念，不仅关注企业自身的经济利益，还注重对社会责任的履行。通过可持续投资，企业能够履行社会责任，这有助于降低社会风险，提高社会稳定性。

可持续投资能够提高社区参与度，使得企业与当地社区建立更紧密的合作关系，通过社区投资和支持，减少社区对企业运营的负面影响。企业可通过社会项目、就业机会和社会参与来缓解社区冲突，减轻社区关系对企业稳定性和声誉的负面影响。同时，可持续投资符合越来越多投资者的偏好，使企业更有吸引力，减少了投资者因社会风险而对企业的回避或负面评价。研究表明，当公司增加其 ESG 相关项目投资时，会给公司带来意外的"非货币效用"，如增加社会责任，会提升公司的外部声誉（凌爱凡等，2023）。

社会责任承担意味着企业不仅要谋求经济利润，还需考虑其对社会的影响。这种经营态度的转变不仅影响企业的日常经营，也在很大程度上改变了投资者的投资偏好，进而影响了可持续投资的发展。ESG 优势对于提高企业就业水平和优化就业技能结构的积极作用，不仅证实了可持续发展的企业在促进稳就业、助力中国民生建设中的重要地位，而且对于企业积极履行社会责任，推动中国经济高质量发展，以及助力国家实现"双碳"目标也具有重要的政策意义（毛其淋和王玥清，2023）。投资者对公司的环保、社会责任和良好治理认可度的上升，他们更倾向于投资那些对 ESG 因素更加重视的企业。社会责任作为可持续投资的重要内容之一，其发挥的效应不仅是引领全球金融市场向着更加环保、可持续的方向迈进，而且提升企业和投资者对全球未来发展的责任意识。

◎ **参考文献**

[1] An J., Briley D., Danziger S., et al. The Impact of Social Investing on

Charitable Donations ［J］. Management Science, 2023, 69（2）: 1264-1274.

［2］ Bril H, Kell G, Rasche A. Sustainable Investing: A Path to a New Horizon ［M］. New York: Routledge, 2020.

［3］ CFA Institute. Certificate in ESG Investing Curriculum ［M］. Virginia: CFA Institute, 2023.

［4］ Flammer C. Corporate Green Bonds ［J］. Journal of Financial Economics, 2021, 142（2）: 499-516.

［5］ Gibson Brandon R., Krueger P., Schmidt P. S. ESG Rating Disagreement and Stock Returns ［J］. Financial Analysts Journal, 2021, 77（4）: 104-127.

［6］ Hartzmark S. M., Sussman A. B. Do Investors Value Sustainability? A Natural Experiment Examining Ranking and Fund Flows ［J］. The Journal of Finance, 2019, 74（6）: 2789-2837.

［7］ Heeb F., Kölbel J. F., Paetzold F., et al. Do Investors Care about Impact? ［J］. The Review of Financial Studies, 2023, 36（5）: 1737-1787.

［8］ Huang J., Xu N., Yu H. Pollution and Performance: Do Investors Make Worse Trades on Hazy Days? ［J］. Management Science, 2020, 66（10）: 4455-4476.

［9］ Keeley T. Sustainable: Moving beyond ESG to Impact Investing ［M］. New York: Columbia University Press, 2022.

［10］ Krosinsky C., Robins N. Sustainable Investing: The Art of Long-term Performance ［M］. USA, UK: Routledge, 2008.

［11］ Larcker D. F., Watts E. M. Where's the Greenium? ［J］. Journal of Accounting and Economics, 2020, 69（2-3）: 101312.

［12］ Mobius M., Von Hardenberg C., Konieczny G. Invest for Good: A Healthier World and a Wealthier You ［M］. London, New York: Bloomsbury Publishing, 2019.

［13］ Naughton J. P., Wang C., Yeung I. Investor Sentiment for Corporate Social Performance ［J］. The Accounting Review, 2019, 94（4）: 401-420.

［14］ Noe T. H. Investor Activism and Financial Market Structure ［J］. The Review of Financial Studies, 2002, 15（1）：289-318.

［15］ Pástor L', Stambaugh R. F., Taylor L. A. Sustainable Investing in Equilibrium ［J］. Journal of Financial Economics, 2021, 142（2）：550-571.

［16］ Stroebel J., Wurgler J. What Do You Think about Climate Finance？ ［J］. Journal of Financial Economics, 2021, 142（2）：487-498.

［17］ Swedroe L. E., Adams S. C. Your Essential Guide to Sustainable Investing：How to Live Your Values and Achieve Your Financial Goals with ESG, SRI, and Impact Investing ［M］. Great Britain：Harriman House, 2022.

［18］ 蔡海静, 汪祥耀, 谭超. 绿色信贷政策、企业新增银行借款与环保效应 ［J］. 会计研究, 2019（3）：88-95.

［19］ 陈奉功, 张谊浩. 绿色债券发行、企业绿色转型与市场激励效应 ［J］. 金融研究, 2023（3）：131-149.

［20］ 方先明, 胡丁. 企业 ESG 表现与创新——来自 A 股上市公司的证据 ［J］. 经济研究, 2023, 58（2）：91-106.

［21］ 胡洁, 于宪荣, 韩一鸣. ESG 评级能否促进企业绿色转型？——基于多时点双重差分法的验证 ［J］. 数量经济技术经济研究, 2023, 40（7）：90-111.

［22］ ［美］卡利·克罗辛斯基, 索菲·彼得. 三优投资：投资理论与实践的一场革命 ［M］. 马险峰, 王骏娴, 秦二娃, 译. 北京：中国金融出版社, 2018.

［23］ 雷光勇, 王文, 金鑫. 盈余质量、投资者信心与投资增长 ［J］. 中国软科学, 2011（9）：144-155.

［24］ 凌爱凡, 黄昕睿, 谢林利等. 突发性事件冲击下 ESG 投资对基金绩效的影响：理论与实证 ［J］. 系统工程理论与实践, 2023, 43（5）：1300-1319.

［25］ 刘柏, 卢家锐, 琚涛. 形式主义还是实质主义：ESG 评级软监管下的绿色创新研究 ［J/OL］. 南开管理评论, 2022, http：//kns. cnki. net/kcms/

detail/12. 1288. F. 20220905. 1521. 002. html.

[26] 刘家国，孔玉丹，镇璐. 考虑双均衡的港航供应链可持续投资研究 [J].中国管理科学，2022，30（3）：142-153.

[27] 吕怀立，徐思，黄珍等. 碳效益与绿色溢价——来自绿色债券市场的经验证据 [J]. 会计研究，2022（8）：106-120.

[28] 毛其淋，王玥清. ESG 的就业效应研究：来自中国上市公司的证据 [J].经济研究，2023，58（7）：86-103.

[29] 潘玉坤，郭萌萌. 空气污染压力下的企业 ESG 表现 [J]. 数量经济技术经济研究，2023，40（7）：112-132.

[30] 钱明，吕明晗，沈弋. 同群正面环保叙述对企业绿色投资的溢出效应研究 [J/OL]. 管理学报，2023，http：//kns. cnki. net/kcms/detail/42. 1725. C.20231019. 1802. 008. html.

[31] 史永东，王淏森. 企业社会责任与公司价值——基于 ESG 风险溢价的视角 [J]. 经济研究，2023，58（6）：67-83.

[32] 孙晓华，车天琪，马雪娇. 企业碳信息披露的迎合行为：识别、溢价损失与作用机制 [J]. 中国工业经济，2023（1）：132-150.

[33] 谭劲松，黄仁玉，张京心. ESG 表现与企业风险——基于资源获取视角的解释 [J]. 管理科学，2022，35（5）：3-18.

[34] 王辉，林伟芬，谢锐. 高管环保背景与绿色投资者进入 [J]. 数量经济技术经济研究，2022，39（12）：173-194.

[35] 王营，冯佳浩. 绿色债券促进企业绿色创新研究 [J]. 金融研究，2022（6）：171-188.

[36] 吴育辉，田亚男，管柯琴. 碳信息披露与债券信用利差 [J]. 管理科学，2022，35（6）：3-21.

[37] 席龙胜，赵辉. 企业 ESG 表现影响盈余持续性的作用机理和数据检验 [J]. 管理评论，2022，34（9）：313-326.

[38] 谢红军，吕雪. 负责任的国际投资：ESG 与中国 OFDI [J]. 经济研究，2022，57（3）：83-99.

［39］徐浩峰，侯宇．信息透明度与散户的交易选择——基于深圳交易所上市公司的实证研究［J］．金融研究，2012（3）：180-190，192，191.

［40］杨博文，吴文锋，杨继彬．绿色债券发行对承销商的溢出效应［J］．世界经济，2023，46（9）：206-236.

［41］杨有德，徐光华，沈弋．"由外及内"：企业 ESG 表现风险抵御效应的动态演进逻辑［J］．会计研究，2023（2）：12-26.

［42］周肖肖，贾梦雨，赵鑫．绿色金融助推企业绿色技术创新的演化博弈动态分析和实证研究［J］．中国工业经济，2023（6）：43-61.

第三章　可持续投资方案

在前章，我们深入探讨了可持续投资的诸多影响，帮助投资者树立了可持续投资的理念。本章，我们将介绍可持续投资方案，包括典型的资产类别、建仓战略、调仓战术以及投资者类型。通过这一章的内容，投资者将更全面地了解如何将可持续投资的理念付诸实践，选择适合自己需求和价值观的产品，实现其投资目标。

第一节　资 产 类 别

一、绿色股票

投资者通常将棕色股票与绿色股票进行区分。棕色股票通常是指传统能源、高碳排放和对环境产生负面影响的公司的股票。这些公司在其业务中通常依赖化石燃料、煤炭、石油和天然气等传统能源，以及其他高碳排放行业，如煤炭采矿、石油开采和化工生产。棕色股票的特征包括：（1）高碳排放：这些公司通常排放大量温室气体，如二氧化碳，对气候变化产生不利影响。（2）能源依赖：棕色股票公司依赖传统能源供应链，如化石燃料，这些能源通常对环境和资源造成损害。（3）环境影响：这些公司的业务通常会导致资源开采、土地破坏、水污染和其他环境问题。（4）高风险：由于依赖有限的资源和不可持续的业务模式，棕色股票通常面临更高的商业和法律风险。

相较于棕色股票，绿色股票指以可持续发展为己任，将环境效益和对环境的保护纳入经营管理且具有较高环保绩效的企业所发行的股票（高扬等，2023）。持有这类股票的投资者可能获得更好的环境风险抵御能力和社会责任形象。这些公司致力于环境保护和可持续发展，可能从事新能源、清洁技术、可再生资源等领域的业务，或者在生产过程中采用了环保技术和可持续经营模式，以减少对环境的负面影响，通常有以下特征：

（1）环保：这些公司在生产和运营过程中采取措施，以减少能源消耗、减少废物和污染排放，或采取其他环保措施，以降低其对环境的负面影响。

（2）可再生能源：许多绿色股票公司从事可再生能源行业，如太阳能、风能、生物质能等，以减少对化石燃料的依赖，降低温室气体排放。

（3）清洁技术：这些公司可能提供清洁技术，用于改进能源效率、减少废弃物、提高环保标准，或帮助其他公司实现可持续性目标。

（4）社会责任：绿色股票公司通常关心社会责任和可持续性，以确保他们的业务不仅有益于环境，还有益于民生福祉。

（5）环保认证：一些绿色股票公司可能获得绿色认证，这意味着它们的产品或服务符合特定的环保标准和准则。

除以上特征外，学界还发现绿色股票存在着 CAPM-alpha 值相对较低的现象，这一现象可以通过多个因素来解释，包括投资者的偏好和绿色股票能够更好地对冲气候风险（Pástor 等，2021）。一些投资者可能更倾向于选择绿色股票，因为它们符合其道德和环境价值观。投资者的这种倾向导致了对绿色股票的更高需求。同时，绿色股票通常在管理和减轻气候风险方面表现更出色，这包括减少温室气体排放、采用清洁能源和采取可持续经营实践。由于这些举措，绿色股票能够更好地对冲气候相关风险，这在市场发生气候事件或政策变化时具有重要意义。随着气候变化问题的日益凸显，投资者对气候风险的担忧增加。在这种情况下，绿色股票通常表现更好，因为它们更能够应对气候相关问题，如极端天气事件和监管变化。这有助于维持绿色股票的市场价值。尽管绿色股票通常能够对冲气候风险，但人们需要谨慎对待市场上的某些股票，因为它们的高回报可能与气候因素无关。在一些情况下，投资者可能过度推测提供气候对冲的股票，导致它们的价格超出其实际价值（Pástor 等，2021）。

基于绿色股票，编制绿色股票指数（绿色企业占比较高的股票指数）是国际上通行的引导和推动机构投资者提高绿色投资比重的做法，提供了绿色金融衍生产品开发的参照基础。与传统股票指数不同，绿色股票指数选取属于绿色产业或绿色（环境）表现较优的公司股票为样本，用以挖掘企业绿色可持续发展的收益，并开发相关的指数型投资品和衍生品，引导投资者进行绿色投资（危平和舒浩，2020）。

二、可持续债券

（一）绿色债券

绿色债券是指将募集资金专门用于支持符合规定条件的绿色产业、绿色项目或绿色经济活动，依照法定程序发行并按约定还本付息的有价证券，包括但不限于绿色金融债券、绿色企业债券、绿色公司债券、绿色债务融资工具和绿色资产支持证券（吴育辉等，2022），一般有以下特征：

（1）多元化的发行主体：绿色债券的发行主体多种多样，包括政府机构、国际开发银行、企业和金融机构。这种多元化有助于吸引不同领域的资金，以支持广泛的绿色项目。

（2）市场化特性：与绿色债券相结合的市场化特性使其在资本市场上具备较强的流动性和可交易性。这使得投资者可以更容易地买卖绿色债券，形成了市场上的有效交易。

（3）信号机制：绿色债券的发行和投资提供了一种强烈的信号，表明发行主体致力于可持续发展和环保事业。这种信号对投资者和市场参与者非常重要，因为它有助于塑造市场行为和倡导可持续性。

（4）资金用途：绿色债券的资金用于支持一系列环保项目，包括减少碳排放、清洁能源、能源效率改进、可持续交通和生态保护等。这些项目对于减缓气候变化、保护生态系统和推动可持续发展至关重要。

（5）监管和标准：绿色债券市场通常受到监管和标准的指导，以确保资金用于符合绿色标准的项目。这有助于保持市场的透明度和诚信，并增强投资者对绿色债券的信任。

（6）可持续投资：绿色债券是可持续投资的一部分，吸引那些关注环保和社会责任的投资者。这类债券使资本投向了对社会和环境产生积极影响的项目。

绿色债券是一种重要的金融工具，旨在支持可持续发展和环保项目。陈奉功和张谊浩（2023）发现绿色债券的发行具有以下好处：（1）显著提高发行企业的股票超额收益，这表明投资者对环保和可持续性举措的积极回应，从而提高了公司的股票表现。绿色债券的发行不仅满足了投资者对可持续投资的需求，还为企业创造了附加价值；（2）显著降低股价暴跌风险，这意味着在市场不稳定或风险加大的情况下，公司的股价更具韧性。这对投资者来说是一个重要的保护措施，尤其是在不确定的市场环境下。（3）治理转型激励效应。市场确实对企业采用绿色债券开展治理转型显现出激励效应。企业倾向于采取更多环保和社会责任措施，以满足绿色债券的标准和要求。这有助于提高企业的可持续性表现，并在市场中树立积极的形象。

（二）社会债券

社会债券是一种重要的可持续金融工具，旨在支持具有积极社会影响的项目，为具有积极社会成果的新项目和当前项目筹集资金，其资金来源与新的或现有的合格社会项目的融资或再融资有关。发行人一般寻求对其社会债券框架的第二方意见，以确保其债券符合市场预期及行业最佳做法，同时给予投资者对发行的信心（Bradley，2021）。因此，社会债券一般具有以下特征：

（1）社会投资：社会债券的核心目标是为社会项目筹集资金，这些项目通常涉及教育、医疗保健、社会住房、就业机会和其他有益社会的领域。这种资金的使用有助于改善民生福祉，减轻社会不平等，并提供关键的公共服务。

（2）债券框架和第二方意见：发行社会债券的机构通常会制定债券框架，明确资金将用于支持哪些具体社会项目。为了增加透明度和建立信任，发行人通常会寻求第二方意见，这意味着独立机构或专家对债券框架进行审查和认可。这有助于确保债券的社会承诺得到充分实现。

（3）市场预期和行业最佳做法：社会债券市场发展得越来越迅速，但发行人需要考虑市场预期和行业最佳做法，以确保债券符合投资者的期望。这包括确定项目选择的标准、资金使用的透明度和报告社会影响的方法。

（4）社会责任投资：社会债券是社会责任投资的一个重要组成部分。投资者越来越关注将其资金投向具有积极社会影响的项目。社会债券为投资者提供了实现社会责任目标的途径，同时获得一定的财务回报。

（5）全球共识：社会债券市场正在不断演进，各国政府、国际金融机构和行业组织正在推动社会债券的标准化和发展。这有助于提高市场透明度，吸引更多投资者和发行人参与社会项目的融资。

综上所述，社会债券是一种有助于解决社会问题和推动社会变革的金融工具。它们提供了投资者参与社会责任投资的途径，同时为社会项目提供了必要的资金支持。通过明智的资本配置，社会债券有助于创造更加包容和可持续的社会。

（三）蓝色债券

蓝色债券是一类新兴的可持续债券。蓝色债券是用于资助具有积极环境、经济和气候效益的海洋项目的债券发行（Bradley，2021）。这些债券的资金用于支持与海洋生态、海洋资源和气候保护相关的项目，旨在改善海洋健康和可持续性。蓝色债券的概念强调了保护和恢复海洋生态系统的重要性，促进了投资者对海洋可持续性的认识，并提供了资金支持以应对全球海洋面临的挑战。蓝色债券通常具有以下特征：

（1）保护海洋生态系统：蓝色债券的兴起反映了全球对保护海洋生态系统的日益增强的意识。这些债券资助了各种项目，包括海洋保护区的创建、海洋生态系统恢复和海洋污染防治措施。这有助于减轻对海洋环境的负面影响。

（2）经济和气候效益：蓝色债券不仅有助于保护海洋环境，还支持与海洋相关的经济和气候效益。海洋经济领域包括渔业、海洋旅游、海洋能源和海洋交通，这些项目可以创造就业机会、提供可持续的资源和减少碳排放。因此，蓝色债券有助于实现经济增长和气候目标。

（3）社会责任和投资机会：蓝色债券提供了投资者参与可持续发展海洋项目的机会。投资者不仅能够获得财务回报，还能够履行社会责任，支持具有积极影响的项目。这种社会责任导向的投资是现代金融领域的一个显著趋势。

（4）可持续金融：蓝色债券是可持续金融的一个示例，它强调了在金融决策中考虑环境和社会因素的重要性。这一领域还包括绿色债券、社会债券等可持续发展债券，旨在推动更广泛的可持续性目标。

（5）国际合作：蓝色债券通常需要国际合作，因为海洋项目通常涉及跨国边界的问题。这促使各国政府、国际金融机构和非政府组织之间加强合作，以共同推动海洋可持续性目标。

总的来说，蓝色债券反映了全球对保护海洋生态系统、实现经济和气候效益的迫切需求。这一观点突出了海洋领域在可持续金融和投资中的重要性，以及投资者如何通过支持蓝色债券项目来实现环境和社会责任目标。

三、可持续基金

（一）主动型基金

在可持续基金投资中，主动型基金主要包括专注于支持和投资清洁能源产业领域的基金。这些基金的目标是减少对传统化石燃料的依赖，通过投资太阳能、风能、储能等清洁能源项目，从而实现环境可持续性和经济可持续性。这些基金的投资组合通常包括可再生能源、能源效率和环境技术等领域中的多种资产，以推动清洁能源技术的发展。这类基金通常有以下特点：

（1）多元化的投资组合：该类基金通常通过广泛分散的投资组合来降低风险。它们可能包括太阳能、风能、生物质能源、地热能源、储能技术等各种清洁能源项目，以确保在不同市场和技术中分散风险。

（2）专业管理：这些基金由经验丰富的基金经理和专业团队管理，他们了解清洁能源行业的发展趋势和机会。这有助于更好地选择和管理投资组合中的资产，以获得更高的回报。

（3）积极管理：与被动型基金不同，主动型基金的管理人员采用积极的策略来选择和管理投资，以获取市场上的最佳机会。他们能进行深入的研究和分析，以确定最有潜力的项目和公司。

（4）可持续投资：这些基金通常将可持续性和环保因素纳入其投资决策过程中。它们寻求支持那些致力于减少碳排放、保护环境和承担社会责任的项目，以推动社会和环境的可持续发展。

（5）长期视角：该类基金的投资策略通常以长期增长为目标，而非追求短期利润。它们支持清洁能源项目的长期发展，因此投资者需要对这些基金持有更长期的投资观念。

投资于新能源领域的主动型基金通常具有以下优势：（1）潜在高回报：随着全球对清洁能源的需求不断增加，投资于新能源的主动型基金可能会获得潜在的高回报。这些基金可以受益于政府政策的支持，能源效率的提高以及对碳排放的监管，从而推动清洁能源行业的增长。（2）多元化：由于这些基金通常投资于多个清洁能源领域，投资者可以通过一个投资组合获得多样化的风险分散。这减少了特定技术或市场风险对投资组合的影响。（3）专业管理：主动型基金的专业管理人员拥有专业知识和经验，可以更好地选择和管理投资，以最大化回报并降低风险。（4）可持续投资：这些基金的投资目标是支持清洁能源和可持续发展。因此，投资者可以参与推动环保和社会责任的目标，同时获得经济回报。（5）长期增长：新能源行业被认为具有长期增长潜力，因此这些基金的长期投资策略可能有助于投资者在未来获得可观的回报。

总而言之，可持续主动型基金为投资者提供了多样化的投资机会。通过支持和投资清洁能源产业的发展，这些基金有望实现环境可持续性和经济可持续性，同时为投资者提供潜在的高回报。这些基金在为投资者提供投资组合多样性和长期增长方面具有潜在优势，适合那些对清洁能源产业充满信心的投资者。

（二）ESG 指数基金

指数基金是一种被动管理型基金，ESG 指数基金是一种在环境、社会和公司治理（ESG）因素方面设置严格标准的指数基金，其投资策略旨在促进可持续发展和社会责任。与传统指数基金相比，通常具有以下特点：

（1）ESG 标准的核心：ESG 指数基金以 ESG 标准为核心，将其视为投资决策的重要指导原则。这意味着基金管理人会投资于那些在环境保护、社会影响和有效公司治理方面表现出色的公司，以构建符合特定 ESG 指数的投资组合。

（2）可持续发展和社会责任：ESG 指数基金与传统指数基金的不同之处在于，它们更加注重可持续发展和社会责任等因素。这意味着基金会投资于那些在这些领域表现出色的公司，以推动这些价值观的实现。这也反映了越来越多的投资者对可持续性的重视。

（3）投资方式：ESG 指数基金的投资方式与传统指数基金相似，但在持仓上更加注重 ESG 因素。这意味着基金管理人会优先投资于那些符合 ESG 标准的公司，有助于确保投资组合与 ESG 目标保持一致。

（4）社会责任投资：ESG 指数基金通常被归类为可持续投资的一种。这意味着这些基金不仅关注财务回报，还关注公司对环境和社会的影响。投资者选择这些基金，旨在推动更有意义和可持续的投资。

（5）市场趋势：随着 ESG 投资趋势的崭露头角，ESG 指数基金的市场份额也在不断增长。越来越多的投资者将 ESG 标准纳入他们的投资决策中，这使得 ESG 指数基金成为市场上备受追捧的投资选择。

总的来说，ESG 指数基金是一种注重 ESG 因素的被动投资工具，其投资策略旨在推动可持续发展和社会责任。它们以 ESG 标准为核心，通过投资符合这些标准的公司，构建具有社会价值的投资组合。这些基金代表了投资者对可持续性和社会责任的日益增长的兴趣，同时也推动了企业在这些领域的改进。

（三）绿色债券基金

绿色债券基金是一种专注于购买环境友好债券的基金。这些基金的主要目标是支持和推动符合环境、社会和治理（ESG）标准的债券发行，以促进可持续发展目标的实现。这些债券通常由政府、开发银行、企业或其他机构发行，用于融资环保和社会责任项目，如可再生能源、清洁技术、社区发展和减少碳排放。这类基金通常有以下特点：

（1）投资 ESG 债券：绿色债券基金主要投资于符合 ESG 标准的债券。这些债券的资金用于支持环保和社会项目，如减少碳排放、提高能源效率、水资源管理、社会住房和可持续城市发展等。

（2）多元化的债券组合：这些基金通常拥有多样化的债券组合，涵盖各种不同的环保和社会领域。它们可能包括绿色债券、社会债券等可持续债券，以确保投资组合的多样性。

（3）积极管理：绿色债券基金通常由专业基金经理和团队管理，他们积极选择和管理投资组合中的债券。他们会评估债券发行人的 ESG 表现，以确保资金用于可持续和社会责任项目。

（4）风险管理：这些基金关注风险管理，以降低投资组合的潜在风险。他们可能通过分散投资、监测债券的 ESG 表现和定期评估债券组合来降低环境和社会风险。

（5）可持续性导向：绿色债券基金的投资策略通常以可持续性为导向。他们关注长期投资目标，以支持可持续发展，并参与环保和社会责任项目。

投资绿色债券基金通常具有以下优势：（1）资本保障：绿色债券通常由政府、开发银行或大型企业发行，具备更高的信用质量，因此具有较低的违约风险。这意味着投资者的本金更受保障，相对于股票市场，投资绿色债券的本金风险更小。（2）稳定的现金流：绿色债券通常具有固定的利息支付，因此投资者可以获得稳定的现金流，这有助于收益的稳定性。相比之下，股票市场的股价波动较大，导致股票基金的收益较不稳定。（3）低波动性：由于绿色债券的价格波动通常较小，因此相对于股票市场，绿色债券的波动性更低。这有助于投资者维护资产组合的稳定性。（4）ESG 导向：绿色债券是根据环境、社会和治理（ESG）标准发行的，这意味着这些债券的资金用于支持可持续和环保项目。这些项目通常受到政府支持，具有更稳定的现金流和回报。（5）透明度：绿色债券基金通常提供透明的信息，使投资者能够了解基金的投资组合和 ESG 标准的实施情况。

绿色债券基金为投资者提供了支持可持续发展目标的机会，通过购买环保和社会责任债券，从而促进环保和社会责任项目的融资。通过投资于绿色债券基金，投资者不仅可以实现经济回报，还可以为环境和社会作出积极的贡献。这些基金代表了可持续投资的未来，将继续在全球金融市场中发挥重要作用。

四、ESG 银行理财

ESG 银行理财产品投资于各种金融工具，如存款、基金、债券和其他资产，这些产品都符合特定的 ESG 标准和准则。ESG 银行理财的目标是帮助投资者将资金投向那些在环境、社会和治理方面表现良好的企业和项目，以推动可持续发展和社会责任。ESG 银行理财通常具有以下特点：

（1）ESG 标准导向：ESG 银行理财将 ESG 标准纳入投资决策的核心。这意味着产品的选择和组合是基于企业在环境、社会和治理方面的表现。例如，产品可能会排除那些涉及有害环境实践、不遵守劳工权益或存在不透明财务做法的企业。

（2）长期取向：ESG 银行理财通常有较长的委托期，这有助于实现可持续的长期回报，与 ESG 目标一致。

（3）透明度和报告：ESG 银行理财产品通常会提供投资者有关投资组合的 ESG 绩效和影响的定期报告。这种透明度有助于投资者了解他们的资金如何推动可持续发展，并确保投资与其价值观和 ESG 目标保持一致。

（4）风险管理：ESG 银行理财有助于管理环境和社会风险。通过排除高风险企业和行业，投资者可以降低投资组合的风险，同时提高回报的可持续性。

正因为这些特点，与传统的股票、基金和债券相比，投资 ESG 银行理财具有多个独特的优势：（1）可持续性：ESG 银行理财明确关注环境和社会责任。这种关注使得投资更加可持续，有助于推动社会和环境的改进。（2）风险管理：ESG 银行理财有助于降低环境和社会风险。通过排除与不良 ESG 表现相关的企业，投资者可以减小投资组合的风险，从而更好地保护资本。（3）长期价值：ESG 银行理财有助于创建长期投资价值。ESG 因素的考虑使投资更加稳定，有助于在长期内实现可持续的回报。

总之，ESG 银行理财是一种具有显著优势的投资方式，可以帮助个人和机构投资者将资金引导至环境、社会和治理方面表现良好的企业和项目。它不仅有助于推动可持续发展，还可以降低投资风险，并提供长期的、符合道德和伦理原则的回报。与传统的投资方式相比，ESG 银行理财为投资者提供更多选择，以实现他们的 ESG 目标。

第二节　建仓战略

一、宏观政策

在进行可持续投资时，个人投资者需要密切关注国家层面的宏观政策。宏观政策对于可持续投资的推动和发展起着至关重要的作用。个人投资者可以从政策层面出发，进行资产的战略配置，以确保其投资在更大范围内与国家和全球的可持续发展目标保持一致。在这一节中，我们将为投资者列举对可持续投资有影响的宏观政策，以帮助个人投资者更好地理解政策的重要性，并为他们的投资策略提供有益的指导。

（一）双碳政策

双碳政策是在应对气候变化和减少碳排放方面的一项重大国际政策框架。

它的实施对于全球的政府、国际组织和企业产生了深远的影响，对于个人投资者来说，也带来了重大的投资机会和挑战。双碳政策旨在应对气候变化，通过降低温室气体排放，推动碳排放和碳中和目标的实现。这项政策框架得到了国际社会的广泛支持，包括各国政府以及联合国等国际组织。它代表了全球应对气候紧急挑战的共同承诺。

中国是全球最大的温室气体排放国之一，2020 年 9 月 22 日，习近平主席在第七十五届联合国大会一般性辩论上宣布，中国将力争于 2030 年前达到碳峰值，努力争取 2060 年前实现碳中和，即"双碳"目标。作为一项重大的政策举措，双碳政策将在未来几十年内对中国经济和能源结构产生深远的影响。

双碳政策的实施改变了投资环境，投资者不仅需要考虑传统的财务风险，还需要关注与 ESG 因素相关的风险。在"双碳"目标的推动下，企业需要更加重视可持续性和碳排放问题，这可能会对它们的盈利能力和市场地位产生影响。投资者必须更深入地了解公司的 ESG 表现，以更好地评估潜在的 ESG 风险和机会。

学者史永东和王滉森（2023）发现，在双碳政策背景下，投资者对 ESG 风险的认知提升，ESG 风险溢价也逐渐扩大。这意味着高 ESG 表现的企业可能会获得更高的企业价值，因为投资者越来越倾向于投资符合 ESG 标准的公司。这为那些注重可持续性的投资者提供了机会，他们可以通过投资在实现"双碳"目标方面表现良好的企业来获得稳定的回报。

总的来说，双碳政策的实施使 ESG 因素成为投资决策中的重要考虑因素。个人投资者需要更深入地了解双碳政策和 ESG 风险，以更好地把握未来的投资机会。在实现"双碳"目标的背景下，高 ESG 表现的企业可能会受益，而投资者需要紧密关注这些机会。这不仅有助于应对气候挑战，还能够实现可持续的财务回报。

（二）信息披露政策

信息披露政策在全球范围内正日益成为推动可持续金融和 ESG（环境、社会和治理）投资的关键因素。随着社会对企业和金融机构透明度的要求不断增加，各国政府和国际组织纷纷出台相关政策，以促进企业和金融机构更加积极地融入可持续发展议程。这些政策不仅对于投资者的决策提供更多信息和指导，还对于企业的可持续经营和社会责任产生深远影响。在这一背景下，我们将深入探讨 ESG 相关的信息披露政策，了解其核心内容、影响以及对于个人投资者构建可持续投资组合的重要性。

2018 年 9 月，证监会修订《上市公司治理准则》，增加了"利益相关者、环境保护与社会责任"章节，规定：上市公司应当依照法律法规和有关部门要求披露环境信息（E）、履行扶贫等社会责任（S）以及公司治理相关信息（G）。在修订说明中，证监会提到"积极借鉴国际经验，推动机构投资者参与公司治理，强化董事会审计委员会作用，确立环境、社会责任和公司治理（ESG）信息披露的基本框架"。2021 年 6 月，证监会发布修订后的上市公司年度报告和半年度报告格式准则。其重要变化之一是将与环境保护、社会责任有关内容统一整合至"第五节　环境和社会责任"。修改包括以下一项：为协同做好"碳达峰、碳中和"、乡村振兴等工作，鼓励公司在定期报告中披露为减少其碳排放所采取的措施及效果，以及巩固拓展脱贫攻坚成果、乡村振兴等工作情况。

2022 年 5 月，国务院国资委制定印发《提高央企控股上市公司质量工作方案》，将国内环境、社会及治理（ESG）管理及信息披露要求提高了一个层级，要求中央企业要"贯彻落实新发展理念，探索建立健全 ESG 体系"——要统筹推动上市公司完整、准确、全面贯彻新发展理念，进一步完善环境、社会责任和公司治理（ESG）工作机制，提升 ESG 绩效，在资本市场中发挥带头示范作用；立足国有企业实际，积极参与构建具有中国特色的 ESG 信息披露规则、ESG 绩效评级和 ESG 投资指引，为中国 ESG 发展贡献力量。推动央企控股上市公司 ESG 专业治理能力、风险管理能力不断提高；推动更多央企控股上市公司披露 ESG 专项报告，力争到 2023 年相关专项报告披露"全覆盖"。

通过对信息披露政策的深入介绍，我们不仅明确了国家对可持续发展的坚定支持，也意识到这些政策将在未来产生深远的影响。个人投资者应充分认识到，他们的战略配置和投资决策需要与这些政策和趋势相一致，以确保其投资组合不仅具有可持续性，还能够在不断变化的环境中保持稳健和有利可图。因此，了解信息披露政策，将有助于个人投资者更明智地构建自己的可持续投资策略，为未来的财务成功和环保责任作出贡献。通过结合这些政策，我们可以迈出更有利于可持续未来的步伐，为自己和下一代创造更加美好的世界。

二、可持续投资策略

在了解可持续投资的相关政策后，投资者在执行可持续投资之前，还应了解具体的可持续投资策略，这有助于可持续投资者构建和管理其投资组合，丰富其投资选择。全球可持续投资联盟每年会发布关于可持续投资增长的研究报告，并将可持续投资策略分成了七种类型（Swedroe 和 Adams，2022），这也是全球目前认可度最高的分类标准，具体包括：

（1）ESG 整合。ESG 整合策略是指投资经理将环境、社会和公司治理因素系统明确地纳入财务分析中。这种类型涵盖了在投资的主流分析中对 ESG 因素与财务因素的明确考虑。整合过程的重点是分析 ESG 方面的问题对公司财务的潜在影响，包括积极影响和消极影响，从而将影响纳入投资决策。

（2）公司参与和股东行动。公司参与和股东行动策略指利用股东权利影响企业行为，提交或共同提交股东提案，在 ESG 准则指导下进行委托投票。这种策略强调了公司积极开展、股东积极参与 ESG 方面的业务，仅参与公司治理并不足以被计入这一战略。股东要利用自身在企业中的影响力，积极投票并支持公司遵循 ESG 准则的行为与活动。公司参与和股东行动是一个长期过程，能够增加企业 ESG 相关信息的披露行为并增强 ESG 对企业的影响力。

（3）规范筛选。规范筛选是指按照基于国际规范所制定的最低商业或发行人标准筛选投资。关于 ESG 因素的国际标准和规范一般是指由联合国（UN）、国际劳工组织（ILO）、经合组织（OECD）和非政府组织（如国际透明组织）等国际机构定义的标准和规范。

（4）负面筛选。负面筛选是指基金或投资组合按照特定的 ESG 准则剔除若干特定行业、公司或业务。这种方法也被称为基于道德或价值观的排除法，因为排除标准通常依赖于基金经理或资产所有者的选择。常见的排除标准包括特定的产品类别（如武器、烟草）、公司行为（如腐败、侵犯人权、动物实验）以及其他争议行为。

（5）正面筛选。正面筛选是指投资的 ESG 表现优于同类的行业、公司或项目，且其评级达到规定阈值以上。根据 ESG 准则，在一个类别或等级中选择或加权最佳 ESG 表现的项目、公司或行业。或者说是在确定的投资范围内，选择或加权由 ESG 分析确定的表现最好或改进最大的项目、公司或行业。

（6）可持续发展主题投资。可持续发展主题投资是指投资有助于可持续解决方案的主题或资产，本质上致力于解决环境和社会问题，如缓解气候变化、绿色能源、绿色建筑、可持续农业、性别平等、生物多样性等。主题基金需要进行 ESG 分析或筛选，然后才能被列入这一方法的范畴。

（7）影响力投资和社区投资。影响力投资指的是对解决社会或环境问题的特定项目进行投资，目的是在获得财务回报的同时，产生积极的社会和环境影响。社区投资指的是资本专门投向传统上服务不足的个人或社区，以及向具有明确社会或环境目标的企业提供融资。其基本原则是采取措施改善现有的物理条件、教育资源或就业机会等，为相关方带来价值和收益。

总的来说，上述七个 ESG 投资策略可以分为三类（Silvola 和 Landau，2021），分别是：排除、主动所有权以及将可持续性（ESG）纳入投资决策。个人投资者在实践具体的可持续投资时，可以执行单种策略或多种策略的融合。可持续投资策略的学习有助于投资者实现长期财务目标，因为可持续投资通常能够在长期内提供更稳定和可持续的回报。同时，这些战略有助于降低投资组合的风险，因为它们充分考虑了与环境和社会问题相关的潜在风险，从而减少了不可预测的损失。通过这些可持续投资策略的实施，我们可以为未来创造更美好的世界，同时在投资中获得长期的收益和满足感。

三、ESG 分析指标

（一）ESG 评级

投资者进行投资时会依据 ESG 评级，投资者可以获得结合各种观点的广泛的可持续发展评级，它们通常由对公司待评级部门具有重大意义的主题子类组成，例如水风险管理、原材料的可持续采购以及员工关系。除了广泛的可持续性评级外，投资者还可以获得个别主题和部门的评级，例如专注于气候影响、人权或肉类和鱼类生产的公司特定评级（Silvola 和 Landau，2021）。

在学界，大量文献讨论了投资高评级股票的好处。（1）基金资本通过向 ESG 评级水平高的企业投资，既能获得较高的社会声誉，还能为投资者带来较好的预期收益率（凌爱凡等，2023）。这表明，投资者选择持仓 ESG 评级水平高的企业的基金进行投资，能够获得较好的预期收益率。（2）ESG 有效前沿表示每个 ESG 水平对应的可实现的最高夏普比率，投资者可以在 ESG 有效前沿上根据自身偏好选择最优的投资组合（Pedersen 等，2021）。（3）在材料可持续性问题上评级较高的公司比在相同问题上评级较低的公司未来表现更好，在重大问题上评级高而在非重大问题上评级低的公司未来表现最好（Khan 等，2016）。

由于有多家 ESG 评级供应商，对于 ESG 分析工具供应商的比较和选择，我们作出以下介绍：评估服务提供商应用的建模方法以及熟悉数据的来源和一致性是费力的，需要大量的专业知识和理解。服务提供商即使在评估同一家公司时，也可能最终得到不同的关键数字和估计，这取决于它们的来源、解释和任何疏忽。一些用于分析的背景资料和用于编辑的方法根据竞争数据受到保护。也就是说，由于透明度有限，外界无法全面评估数据的可靠性。在选择服务提供者时，除了评估质量外，还经常评估投资领域分析工具的覆盖范围，以及这些工具是否适合投资者的目标，例如是否首选定量或定性分析，以及目标是否确定新的可持续发展机会和可持续投资还是管理风险。环境、社会及治理工具的供应商正在不断开发方法，新类型的工具正在引入市场。对产品的不定期评估有助于投资者找到最佳合作伙伴。为评估环境、社会及治理分析及工具的质量，亦可要求主要投资组合公司就各服务供应商对其重大可持续性方面的了解程度发表意见（Silvola 和 Landau，2021）。

ESG 评级允许投资者更好地了解公司的 ESG 绩效，以更明智地作出投资决策。这些评级为投资者提供了有关公司在可持续性方面的具体信息，帮助他们识别具有潜力的投资机会，降低 ESG 风险，并与其投资目标和价值观保持一致。对于越来越多关注可持续投资的投资者来说，ESG 评级已经成为不可或缺的工具。

（二）碳排放强度

投资者应关注气候影响，在描述气候影响的单个指标中，投资者通常使用碳强度。碳强度数据在评估和理解气候影响方面发挥着关键作用，因为它们为投资者提供了一个有关企业的排放水平和碳效率的重要指标，与财务指标有关的碳强度使同一部门的公司能够比较投资，并使报告投资组合的气候概况成为可能。然而，虽然碳强度是一种有用的度量标准，但投资者需要认识到它并不能提供有关企业在排放交易计划和碳税方面的成本风险（Silvola 和 Landau，2021）。具体来说：

碳强度数据是一种有用的度量工具，因为它们允许投资者比较不同企业或行业的碳排放情况。这使投资者能够识别哪些企业在环保方面表现良好，哪些企业可能面临更高的碳排放风险。碳强度数据也有助于投资者了解他们的投资组合的气候概况，从而更好地管理气候风险。

碳强度指标也具有局限性。碳强度数据并不提供有关企业排放交易计划和碳税成本风险的详细信息。这是因为排放定价受多种因素的影响，包括政治决策、市场力量和企业的操作方式。碳交易和碳税方案的实施方式因国家和地区而异，因此不同公司的成本风险也会有所不同。同时，企业是否受到排放交易计划的覆盖以及覆盖范围也是重要的因素。一些公司可能受到排放交易计划的限制，而另一些公司则不受限制。此外，不同国家和地区可能采取不同的政策来规范排放和碳定价，这使得分析企业的具体排放风险变得更加复杂。

综合而言，碳强度数据是有助于投资者更好地了解企业排放情况的有用工具，但它们并不能提供有关排放交易计划和碳税成本风险的全面信息。投资者需要综合考虑多个因素，包括政策环境、市场力量和企业的具体情况，以更全面地评估 ESG 风险和机会。这有助于制定更准确的投资策略，以满足气候挑战和可持续性目标。

（三）其他指标

还有一些其他指标有助于投资者更全面地了解公司的 ESG 风险和机会，为投资者提供了更深入的洞察，有助于投资者理解公司在特定领域的可持续性表现的具体见解（Silvola 和 Landau，2021），如：

（1）能源分布指标：该指标用于测量公司的能源来源，特别是在电力行业中。它反映了公司能源生产的可持续性。电力公司的能源分布指标可以告诉投资者公司能源供应中可再生能源和化石能源的比例。如果一家电力公司依赖于大量可再生能源，那么它可能在气候政策趋势中处于较佳的位置。

（2）技术指标：技术指标用于测量公司在采用清洁技术和可持续技术方面的敞口。这个指标在汽车制造业中特别有用，因为它反映了公司在内燃机、电动汽车和混合动力技术之间的分布。投资者可以通过该指标了解一家汽车制造商的可持续技术投入和创新力。这对于衡量企业在未来电动汽车市场中的竞争力至关重要。

（3）化石燃料敞口指标：这个指标关注公司在化石燃料领域的敞口，包括石油和天然气钻探、以煤炭为主的采矿业务以及化石燃料地下储量的持有。该指标提供了关于公司对传统化石燃料的依赖程度的信息。公司对化石燃料的高度依赖可能会在气候政策日益加强的情况下带来风险，因为这些公司可能会受到更严格的监管和市场压力。

这些指标有助于投资者更全面地了解公司的 ESG 风险和机会。它们提供了对公司在特定领域的可持续性表现的具体见解，使投资者能够更好地评估公司的未来可持续性和市场竞争力。通过结合这些指标与其他 ESG 数据，投资者可以更好地制定投资策略，以适应气候变化和可持续性趋势。这有助于减少ESG 风险并寻找更具长期价值的投资机会。

第三节　调仓战术

个人投资者在确定可持续投资的战略方向后，还应学习具体的战术配置技巧，以便将理论付诸实践，满足其独特的需求和目标。

一、跟踪 ESG 指标

在第二节的基础上，投资者在确立建仓战略、落实 ESG 导向的投资后，还需对 ESG 指标进一步关注。各个具体的 E、S、G 指标对投资者的决策有着不同影响。Pedersen 等（2021）发现公司的治理指标（G）对未来收益率有显著影响。这表明公司的治理结构和实践与其未来股价表现之间存在密切关系。这对于投资者来说是一个重要的洞见，因为良好的治理通常可以减轻潜在的风险，提高投资的吸引力。而与治理不同，环境和社会指标（E 和 S）对未来收益率没有显著影响。这意味着公司在环境和社会方面的表现似乎与未来股价的波动没有直接关联。然而，这并不意味着环境和社会因素不重要，而是它们对公司未来收益率的影响不如治理明显。

同时，公司治理的质量还影响着投资者的信心（雷光勇等，2012）。公司治理质量越高，投资者通常对这些公司更有信心。公司治理包括一系列关于公司内部控制、透明度、股东权益保护和管理层透明度等方面的实践。当这些方面得到有效管理和监督时，投资者更容易信任公司的经营和财务报告。而投资者对公司的信心与股票收益之间存在正向关系。这是因为当投资者对公司的表现和未来前景有信心时，他们更有可能投资于该公司的股票，从而推动了股价上涨。此外，在治理质量高的公司中，投资者信心对股票收益的正向影响更加显著。这意味着在公司表现良好、治理质量高的情况下，投资者更容易受到信心的激发，从而更积极地投资于该公司的股票。

在考虑了 ESG 投资对资产价格的影响后，资产自身的 ESG 水平与整个市场的 ESG 水平均会对资产价格产生影响。这表明市场参与者的整体 ESG 意识和偏好会在一定程度上影响市场中的资产价格。当市场整体 ESG 水平提高时，可能会对 ESG 表现较好的资产价格产生正向影响。同时，还进一步研究了市场 Beta 对这种影响的敏感性。具体来说，市场 Beta（市场风险敞口）对 ESG 投资水平的影响敏感性不同。不存在外生冲击时，高市场 Beta 的基金受到 ESG 投资水平的正向影响更加敏感，而低市场 Beta 的基金受到 ESG 投资水平的负向影响更敏感（凌爱凡等，2023）。

因此，个人投资者在其投资组合中，特别是当公司的治理指标发生变化时，应进行适度的资产调仓。这表明，对于个人投资者来说，了解和跟踪公司的治理表现非常重要，因为它可能会对投资组合的未来表现产生显著影响。前述研究强调了 ESG 指标对于投资者的决策和资产配置策略的重要性，尤其是治理指标，不同的 ESG 因素对公司和行业可能有不同的影响。同时，投资者还应该考虑市场 Beta 的作用，以更好地理解其投资组合在 ESG 变化时的表现。因此投资者应谨慎考虑这些因素，以更好地满足其投资目标和风险容忍度。

二、关注外部不确定性

在前文基础上，投资者应对 ESG 指标进行密切关注，同时也应关注外部不确定性。在资本市场中，投资者经常面对不断变化的风险和机会，其中许多都是出乎意料的外生事件。这些事件可能是自然灾害、全球政治动荡、突如其来的金融危机等，它们都可能对投资组合产生较大影响。在这个充满不确定性的环境中，投资者需要有应对突发事件的策略，以便在面对不确定性时取得更好的投资结果。

在面临外生冲击的情况下，基金的表现与 ESG 投资水平存在关联（凌爱凡等，2023）。更具体地说，ESG 投资水平更高的基金或资产在面对外生冲击时表现得更好。这可能是因为高 ESG 水平意味着更好的风险管理和可持续性做法，使其更能够应对不利冲击。

在均衡情况下，绿色资产的预期回报较低，这是因为投资者普遍喜欢持有绿色资产，这种投资者偏好推动了绿色资产的需求，从而提高了其价格，压低了预期回报，而且绿色资产可以对冲气候风险。然而，当 ESG 因子受到正向冲击时，绿色资产会有优异表现（Pástor 等，2021）。这表明，投资者的偏好不仅受到可持续性考虑的影响，还受到积极冲击的引导。积极冲击可以理解为客户对绿色产品的偏好和投资者对绿色资产的偏好的变化。这意味着积极的事件或发展（比如环保政策支持或可持续能源市场增长）可以提高绿色资产的需求和表现。

在新冠疫情期间，低龄基金的 ESG 投资水平对基金绩效有更敏感的积极作用，这是因为相对于高龄基金具有相对稳定的投资惯性而言，低龄基金的投资惯性较弱，具有更加灵活的伴随政策趋势调整基金策略的特点。具体来说，低龄基金和长期绩效型基金，因更多考虑政策特征或长期绩效，从而会投资更高 ESG 的资产，使得在疫情期间具有较好的对冲绩效；而对于规模较小的基金，因基金规模小而使得 ESG 投资对基金绩效的影响更加敏感，因而在疫情期间也具有较好的对冲绩效（凌爱凡等，2023）。

综合来看，ESG 投资水平在应对外生冲击时具有较高的重要性，以及投资者在这种情况下更加关注 ESG 因素的趋势。投资者应认识到高 ESG 水平可能有助于减轻不利冲击的影响，并在投资决策中考虑这一因素。此外，投资者应保持警惕，以便能够及时调整其投资组合，以适应不断变化的市场条件和外部冲击。并且在新冠疫情期间，不同类型基金的 ESG 投资水平对基金绩效有着不同影响。投资者应考虑这些因素，以更好地理解不同类型基金在市场不确定性时的表现，从而更好地调整其投资策略。此外，ESG 投资可以成为一种有效的对冲工具，帮助基金应对市场波动。这对那些寻求稳健投资策略的投资者来说是一个重要的考虑因素。

而对于绿色证券市场的市场监管者来说，应提前对潜在金融事件进行早期预警。具体来说，监管者可以从优化风险管理指标体系，以及动态监控国际金融环境两个角度提升绿色证券市场的风险防控水平，优化新兴证券市场的管理体系。市场监管者需要与政府政策制定者合作，通过分析政策的施行方式以及国际经济环境形式，提前对潜在金融事件进行早期预警，尽量降低金融事件对于绿色证券水平的负面影响，防止因投资者集中买卖放大市场风险（高扬等，2023）。

三、定期筛选

对于投资者而言，在构建投资者组合后，仍然需要对其资产配置进行定期筛选。基于规范的筛选是可持续投资的一种常见形式，它已经成为许多机构投资者，尤其是基金的一种常规措施（Silvola 和 Landau，2021）。

积极和消极筛选是可持续投资的两种重要策略，这两种策略均有助于资产所有者和投资经理在构建投资组合时更好地考虑环境、社会和公司治理（ESG）因素（Gibson Brandon 等，2021），并且它们在可持续投资领域的预期效果有所不同（Amel-Zadeh 和 Serafeim，2018）。以下是有关这两种策略及其预期效果的具体介绍：

积极筛选侧重于选择那些在 ESG 评级方面表现最好的公司。资产所有者和投资经理购买高 ESG 评级的股票，因为这些公司在可持续经营和社会责任方面表现较好，通常更具吸引力，这有助于规避 ESG 评级较低的公司可能引发的风险。积极筛选的方法有以下特点：（1）高回报预期：积极筛选方法旨在选择那些在 ESG 评级中表现良好的公司。投资者期望这些公司能够在可持续性和社会责任方面表现出色，从而为其股东创造更高的价值。这一策略通常与公司的长期可持续经营和社会责任承诺相关联，因此预期能够带来更高的回报。（2）ESG 风险减少：通过积极筛选，投资者可以降低投资组合中的 ESG 风险。选择高 ESG 评级的公司意味着减少了与可持续性和社会责任问题相关的潜在风险，从而有助于维护投资组合的稳定性。

而消极筛选关注的是排除那些在 ESG 评级中表现较差的公司。这意味着资产所有者和投资经理卖出低 ESG 评级的股票，因为这些公司可能存在较大的可持续性和社会责任风险。消极筛选的方法有着以下特点：（1）风险降低预期：消极筛选方法主要侧重于排除那些在 ESG 评级中表现较差的公司。这种策略的主要预期效果是降低 ESG 风险。通过避免投资那些存在较大 ESG 风险的公司，投资者可以减少不利事件的可能性，从而维护资本的稳定性。（2）多元化收益损害：然而，消极筛选方法可能对投资组合的多元化产生负面影响。排除某些公司可能导致投资组合的范围变窄，从而限制了可能获得的收益来源。这可能会损害投资组合的多元化，并使其更加集中在特定行业或资产类别上。

总的来说，积极筛选和消极筛选都有助于投资者更好地管理 ESG 风险并获得符合其可持续性目标的投资组合。但是积极筛选和消极筛选方法各有其优势和劣势。积极筛选方法预期带来更高的回报和更好的 ESG 风险管理，但可能需要更多的研究和管理。消极筛选方法预期可以降低风险，但可能限制投资组合的多元化，可能导致潜在的收益损失。投资者通常会在这两种策略之间进行权衡，以满足其特定的可持续性和投资目标。

第四节　投资者类型

不同类型的投资者有不同的可持续偏好，有着不同的风险和收益预期，在持有资产后，有着不同的投资行为偏好。因此也会有不同的投资效果。我们将从以下六个角度对不同投资者类型的投资效果进行讨论，以便投资者在建仓时考虑不同的投资策略。

（1）不同的投资者对 ESG 的关心程度不同。Pedersen 等（2021）将投资者分为三种类型的投资者，分别为：Type-U、Type-A 和 Type-M。具体来说，Type-U（不关心 ESG）投资者不了解 ESG 评分，只是寻求最大化他们的无条件均值-方差效用。换句话说，他们不太关心 ESG 评分，主要寻求最优的投资组合，以实现最大化回报和最小化风险。Type-A（关心 ESG）投资者也有均值-方差偏好，但他们有 ESG 意识，使用资产的 ESG 评分来更新他们对风险和预期回报的看法。Type-M（积极关心 ESG）投资者使用 ESG 信息，并且对高

ESG 评分也有偏好。换句话说，M 型投资者寻求一个投资组合，以实现高预期回报、低风险和高平均 ESG 评分之间的最佳权衡。

虽然优化这三个特征（风险、回报、ESG）可能看起来复杂，但是，投资者的问题可以简化为权衡 ESG 和夏普比率。夏普比率是一种衡量投资风险与回报之间权衡的指标，因此投资者可以使用夏普比率来平衡 ESG 因素和投资组合的风险回报特征。这一简化有助于投资者更好地理解如何在 ESG 因素与风险回报之间作出决策。

（2）不同的投资者对 ESG 表现的偏好不同。投资者在构建投资组合时，需要对组合的风险进行考虑，公司的 ESG 表现是一个关键的考虑因素，良好的 ESG 表现可能增加公司的净销售额和盈利能力，这反映了一个积极风险的观点，即公司的可持续性实践可能会比预期更有利。投资者需要认识到这一点，因为不持有某些公司股票也会带来风险，即机会成本（Silvola 和 Landau，2021）。当投资者选择不投资某些公司或行业时，他们实际上可能错过了这些公司或行业的潜在机会，这可能导致投资组合的绩效较差。这是因为那些在可持续性方面表现优秀的公司可能会在市场中表现出色，吸引更多的投资，从而为投资者带来更高的回报。因此，投资者需要在风险分析中考虑这一积极风险，明智地选择是否将 ESG 因素纳入其投资策略，以充分利用潜在的投资机会，同时降低可能因不持有这些公司而带来的机会成本风险。这表明 ESG 因素在风险管理中的重要性，不仅在于规避负面风险，还在于抓住积极风险，以提高投资组合的绩效。

ESG 偏好高于平均水平的投资者倾向于构建绿色投资组合，而 ESG 偏好低于平均水平的投资者持有的投资组合偏向棕色（Pástor 等，2021）。具体来说，ESG 偏好高于平均水平的投资者更倾向于选择那些在环境、社会和公司治理方面表现出色的公司。这种投资策略不仅反映了他们的可持续性价值观，还可能受到他们对未来的 ESG 风险和收益的积极期望的驱动。这些投资者可能相信，高 ESG 评级的公司更有可能在面临未来的 ESG 挑战时更好地应对，从而获得更加稳定的回报。相反，ESG 偏好低于平均水平的投资者可能更倾向于那些在 ESG 标准下表现较差的公司。这些投资者可能更加注重短期收益，相对忽略了 ESG 因素可能对未来投资组合表现产生的风险。他们可能相信，投资于那些 ESG 评级较低的公司将获得更高的回报，即使这可能伴随着潜在的 ESG 风险。这种投资策略可能与他们对 ESG 问题的重要性和风险看法不太一致。

　　这表明投资者的 ESG 的偏好对其投资组合构建和资产配置决策产生了较大影响。这也凸显了 ESG 因素在投资过程中的复杂性，因为它们既反映了投资者的个人价值观，又受到他们对未来风险和回报的不同看法的影响。不同的 ESG 偏好将导致投资者采取不同的投资策略，这需要在风险管理和绩效期望之间进行权衡。

　　（3）不同的投资者对 ESG 风险的偏好不同。有研究发现中国资本市场的投资者对 ESG 风险有一定的识别能力，能用多维度信息分析和评估资本市场的 ESG 风险水平，并予以合理的价格反馈（史永东和王淏森，2023）。这表明中国的投资者越来越重视 ESG 因素，将其视为影响投资决策的关键因素，而不仅仅是附加的信息。

　　具体来说，在国有企业股票中，ESG 组合收益率溢价呈现出"同质偏低"的特征，这种"同质偏低"的特性意味着国有企业更有助于投资者抵御风险，因此具备较高的企业价值（史永东和王淏森，2023）。这为那些风险承受能力较低的个人投资者提供了一种选择，他们可能更倾向于将资产配置在相对较稳健的国有企业股票上，以规避较高的风险水平。这也反映了中国市场上不同类型的投资者可以根据其风险偏好和 ESG 价值观来调整其资产配置策略，以实现更符合其需求和目标的投资组合。

　　（4）不同的投资者积极参与公司治理的程度不同。投资者的积极行为和参与度对于 ESG 投资的发展至关重要。通过积极参与，投资者能够与公司管理层、董事会成员以及其他股东建立更密切的联系，传达他们的可持续发展目标和价值观。这种参与不仅使投资者能够监督公司在 ESG 领域的表现，还有助于推动公司实现其 ESG 目标（Silvola 和 Landau，2021）。具体来说，积极的投资者可能会与公司就减少碳排放、提高员工福祉、改进治理结构等问题展开对话。这种对话可以促使公司采取更多的可持续性措施，改进其 ESG 表现，从而对环境和社会产生积极影响。

负责任的投资者也可以通过参加股东大会，发表意见和提出提案来影响公司的决策。这种参与方式使投资者能够与公司代表直接交流，并为 ESG 议题提供更多关注和支持。在某些情况下，投资者还可以成为公司的董事会成员，为公司的战略和决策提供自己的专业知识。这种角色使他们能够积极参与公司治理，推动公司朝着更可持续的方向发展。还有学者发现，业绩表现不佳的公司在股东参与后，业绩出现明显改善。Wilshire Associates 提出了著名的所谓"CalPERS 效应"，起初被认为是治理最差的公司，在股东参与的努力下，开始跑赢市场（克罗辛斯基和彼得等，2018）。

投资者的积极参与有助于推动公司在 ESG 领域取得进展，投资者利用投资的力量鼓励公司进行积极的变化，改善环境、社会和治理表现（Bril 等，2020）。他们的行为不仅反映了其价值观，还对公司的表现和决策产生积极影响。这种互动有助于加强 ESG 投资的有效性和可持续性。

（5）不同的投资者对股票基本面的跟踪时间不同，长期的关注有利于投资者获得可持续回报。当期的普通投资者关注对股票收益有正向影响，但这一现象会在一段时间后发生反转。由关注产生的正向超额收益能在当期得到迅速反应，但是长期的正向超额收益需要良好的基本面支撑，随着大量信息的逐渐传播并被普通投资者准确消化，这种正向超额收益会在持续一段时间后逐渐消失，股票价格会恢复至其基本价值，甚至产生负向收益（张继德等，2014）。

具体来说，当期的普通投资者通常在获取特定信息或感知到市场中的某种趋势时，会采取行动，以谋求从股票市场中获得积极的超额收益。这种迅速的反应可能导致正向超额收益的出现，但这种超额收益通常是短期的，因为市场往往会快速反应和吸收这些新信息。然而，长期正向超额收益需要更多的基本面支持，这包括公司的财务表现、竞争力和市场地位等因素。在长期内，股票价格往往会逐渐回归到其基本价值，而不再受到短期市场情绪的影响。这种回归通常是因为市场中的大量信息被准确消化和反映在股票价格中。当投资者对市场的信息有更充分的了解并进行更精确地估值时，股票价格会更加接近其真实价值。

因此，虽然当期的普通投资者可能会在市场中获得一些正向超额收益，但这种现象在长期内会发生反转。投资者需要更多的信息和基本面支持，以在长期内实现可持续的投资回报。这也强调了长期投资策略和基本面分析的重要性，以获得更稳健的投资表现。

（6）不同的投资者有着不同的多元化持仓程度。多元化程度较低的投资者获得更高水平的投资回报偏度，因此，他们获得非常高的投资回报的可能性更大（Mitton 和 Vorkink，2007）。多元化程度较低的投资者通常构建的投资组合相对简单，由较少种类的资产组成，而不像多元化程度较高的投资者那样分散投资于多个不同类型的资产。这种相对集中的投资方法可能导致投资者更容易受到特定资产或市场行情的影响。

当投资组合的多元化程度较低时，投资者可能更加敏感于单一资产的波动，这可能导致更高的投资回报偏度。回报偏度是描述投资回报分布的一种统计度量，它衡量了投资回报的不对称性。当回报分布呈现出正偏（右偏）时，这意味着存在获得非常高回报的可能性，但也伴随着更大的风险和损失的潜在性。偏度偏好并非所有投资者都具备，而且它可能会因个体之间的差异而有所不同。此外，偏度偏好的影响也取决于其他因素，如投资者的风险承受能力、投资目标和时间范围等（Mitton 和 Vorkink，2007）。

因此，多元化程度较低的投资者更容易经历更高水平的投资回报偏度，这也就意味着他们更可能获得非常高的投资回报。然而，这种高度的回报潜在伴随着更高的风险，因为他们的投资组合相对较为集中，可能更容易受到市场波动的冲击。因此，这一情况需要投资者谨慎评估和管理风险，以平衡潜在的高回报和高风险。

◎ 参考文献

[1] Amel-Zadeh A., Serafeim G. Why and How Investors Use ESG Information: Evidence from a Global Survey [J]. Financial Analysts Journal, 2018, 74 (3): 87-103.

［2］ Bradley B. ESG Investing for Dummies ［M］. Canada：John Wiley & Sons，2021.

［3］ Bril H, Kell G, Rasche A. Sustainable Investing：A Path to a New Horizon ［M］. New York：Routledge, 2020.

［4］ Gibson Brandon R. , Krueger P. , Schmidt P. S. ESG Rating Disagreement and Stock Returns ［J］. Financial Analysts Journal, 2021, 77 （4）：104-127.

［5］ Khan M. , Serafeim G. , Yoon A. Corporate Sustainability：First Evidence on Materiality ［J］. The Accounting Review, 2016, 91 （6）：1697-1724.

［6］ Mitton T. , Vorkink K. Equilibrium Underdiversification and the Preference for Skewness ［J］. The Review of Financial Studies, 2007, 20 （4）：1255-1288.

［7］ Pedersen L. H. , Fitzgibbons S. , Pomorski L. Responsible Investing：The ESG-efficient Frontier ［J］. Journal of Financial Economics, 2021, 142 （2）：572-597.

［8］ Pástor L', Stambaugh R. F. , Taylor L. A. Dissecting Green Returns ［J］. Journal of Financial Economics, 2022, 146 （2）：403-424.

［9］ Pástor L', Stambaugh R. F. , Taylor L. A. Sustainable Investing in Equilibrium ［J］. Journal of Financial Economics, 2021, 142 （2）：550-571.

［10］ Silvola H. , Landau T. Sustainable Investing：Beating the Market with ESG ［M］. Cham：Palgrave Macmillan, 2021.

［11］ Swedroe L. E. , Adams S. C. Your Essential Guide to Sustainable Investing：How to Live Your Values and Achieve Your Financial Goals with ESG, SRI, and Impact Investing ［M］. Great Britain：Harriman House, 2022.

［12］ 陈奉功，张谊浩. 绿色债券发行、企业绿色转型与市场激励效应 ［J］. 金融研究，2023 （3）：131-149.

［13］ 高扬，李杨洋，王耀君. 中国绿色证券与传统金融市场风险传染机制研究 ［J］. 管理工程学报，2023, 37 （6）：77-93.

［14］［美］卡利·克罗辛斯基，索菲·彼得. 三优投资：投资理论与实践的一场革命［M］. 马险峰，王骏娴，秦二娃，译. 北京：中国金融出版社，2018.

［15］雷光勇，王文，金鑫. 公司治理质量、投资者信心与股票收益［J］. 会计研究，2012（2）：79-86，97.

［16］凌爱凡，黄昕睿，谢林利等. 突发性事件冲击下 ESG 投资对基金绩效的影响：理论与实证［J］. 系统工程理论与实践，2023，43（5）：1300-1319.

［17］史永东，王淏森. 企业社会责任与公司价值——基于 ESG 风险溢价的视角［J］. 经济研究，2023，58（6）：67-83.

［18］危平，舒浩. 基于 EIO-LCA 方法的证券投资组合的碳绩效研究［J］. 管理评论，2021，33（4）：24-39.

［19］吴育辉，田亚男，管柯琴. 碳信息披露与债券信用利差［J］. 管理科学，2022，35（6）：3-21.

［20］张继德，廖微，张荣武. 普通投资者关注对股市交易的量价影响——基于百度指数的实证研究［J］. 会计研究，2014（8）：52-59，97.

第四章　可持续投资执行

随着可持续投资成为投资领域的焦点，政策的推动和社会观念的演变已经印证了这一趋势。可持续投资以 ESG（环境、社会和公司治理）为核心，成为投资者热切关注的话题。在前几章中，我们全面了解了可持续投资的定义、为什么要进行可持续投资以及个人如何执行可持续投资。本章我们将着重介绍个人投资者在进行可持续投资时需要关注的关键问题。

个人投资者首先要改变对可持续投资的看法。在真实的市场环境中，投资者不愿意放弃财富而投资于环境可持续发展的项目（Larcker 和 Watts，2020）。这可能源于：（1）财富保值需求：投资者通常将财富保值作为首要目标，因为财富是他们未来的安全网。因此，他们在投资决策中可能更加注重降低风险，确保财富的稳定增长。环境可持续发展项目可能面临较高的风险，因此对投资者来说，分配大量财富以投资于这类项目可能是不可取的。（2）短期财务需求：投资者通常需要满足短期财务需求，如支付账单、教育支出或医疗费用。这些短期需求可能使他们更加关注实现快速的经济回报，而非长期投资项目。环境可持续发展项目通常需要更长时间才能实现回报，因此不符合短期财务需求。（3）市场不确定性：环境可持续发展项目的市场可能更加不稳定和不确定。政策制度和市场因素的变化可能对这些项目产生深远影响。投资者可能更倾向于投资于相对稳定和可预测的资产，以保护其财富。

但是，认为可持续投资有损财富的观点很可能是对可持续投资领域不太熟悉，往往会将可持续投资一股脑地归类为可能会损失收益的投资类型。但事实上，大多数可持续投资并不有损收益（克罗辛斯基和彼得，2018）。

事实上，如 Silvola 和 Landau（2021）的发现，可持续投资是有利可图的，投资者不需要为了促进可持续性而牺牲回报。价值观是一小部分道德投资者的主要驱动力，这些投资者也愿意在他们的回报要求上妥协。负责任的投资者在其投资决策中考虑环境、社会及治理因素，并评估环境、社会及治理对回报的影响。可持续投资的目的不仅是获得良好的回报，也是为了创造一个更美好的世界。例如，如果养恤金公司的投资养恤金缴款不能长期产生良好的回报，则养恤金公司的业务在财务上就不可能持续。随着研究材料和指标的完善，越来越多的研究表明，投资者可以通过选择最有利可图的方法，通过可持续的投资策略取得优异的业绩。金融机构发布的报告也表明，可持续投资策略产生了良好的回报。例如，北欧联合银行和管理挪威政府全球养恤基金的挪威银行投资管理公司报告说，可持续投资的业绩优于一般市场。根据 Bloomberg 调查，美国最大的 ESG 共同基金中有 9 只在 2019 年跑赢了标准普尔 500 指数，其中 7 只在过去 5 年跑赢了市场基准。将可持续投资纳入主流还得到了证明其盈利能力的财务原因的支持。可持续的投资可以推动长期的财务突出表现，并改善风险管理。在过去的 40 年里，已经进行的超过 2200 项学术研究考察了 ESG 因素和企业财务业绩之间的关系，超过 90% 的研究发现，ESG 因素对财务回报有积极或中性的影响（Friede 等，2015）。将 ESG 整合到金融产品中不会影响财务业绩，而且还导致更低的跟踪错误率和更低的波动性。这表明，通过成为一个负责任的投资者，确实可以取得良好的业绩，并取得长期的财务成功（Bril等，2020）。

　　改变对可持续投资的看法可以帮助个人投资者更加积极地考虑可持续投资，并在决策中采取相关行动。以下方法有助于帮助个人投资者改变其对可持续投资的看法：（1）个人投资者要转变观念，主动学习。了解可持续投资的基本概念和原则，包括环境、社会和治理（ESG）因素，以及社会责任投资（SRI）和影响力投资等相关概念。了解这些内容可以帮助投资者更好地理解可持续投资的重要性和影响。研究成功的可持续投资案例，了解那些在环境、社会和治理方面做得出色的公司和项目如何受益，以及它们如何管理风险。这可以帮助投资者看到可持续投资的潜力。（2）个人投资者要意识到长期价值。可持续投资不仅可以促进社会和环境责任，还可以在长期内实现更稳定的投资回报。理解可持续投资与长期财务利益之间的关系可以帮助投资者看到这种投资方式的吸引力。同时，要了解市场趋势。监测可持续投资在全球范围内的增长和发展趋势，以了解这一领域的前景和机会。市场趋势的了解可以帮助投资者更好地把握时机。（3）坚持个人价值观。个人投资者可以考虑他们的价值观和道德信仰，以确定他们是否愿意将这些价值观融入投资决策中。可持续投资可以与个人价值观保持一致，从而使投资更有意义。并且尝试不同的投资方法。如果投资者一直在传统的投资方式中，可以尝试探索可持续投资的不同方法，如 ESG 基金、社会责任投资基金或绿色债券。这些工具可以帮助投资者更好地融入可持续性因素。

在改变对可持续投资的看法后，个人投资者要重视并树立 ESG 投资理念。目前，个人投资者对于 ESG 信息披露缺乏关注和反映。Moss 等（2023）关注一种特定类型的 ESG 新闻稿，即已知经济内容和高知名度的新闻稿——该公司在"100 家最适宜工作的公司"名单（Best100）中被增加或提高排名的公告，由《财富》杂志每年出版一次。从股票回报的角度来看，Best100 的新闻是积极的，且相对容易理解（Edmans，2011）。但是，在衡量散户投资者活动的任何指标上都没有发现明显的变化。这一发现表明，即使 ESG 新闻稿的内容相对容易整合，散户投资者似乎也没有作出反应，这表明整合的复杂性不太可能影响散户投资者对 ESG 新闻稿的整体反应。总的来说，散户投资者不会将 ESG 新闻稿中的信息纳入他们的投资决策，即使这些信息在经济上很重要，非常明显，而且相对容易评估。

但是，胡洁等（2023）认为，在环境压力日益严峻的现实背景下，资本在 ESG 体系的建设中发挥着加速器的作用。越来越多资金流向 ESG 相关领域，而且是一种长期趋势，形成倒逼企业加强 ESG 建设的力量。投资者践行 ESG 投资理念不仅有利于企业缓解融资约束，为企业绿色转型发展提供资源基础，也有利于投资者识别潜在的投资风险，保护投资者利益。积极倡导 ESG 投资理念、大力发展 ESG 投资基金，ESG 投资不仅能够激励企业重视自身的 ESG 表现，促进企业 ESG 实践，而且有利于推动全社会绿色可持续发展。同时，谭劲松等（2022）发现投资者关注企业的 ESG 表现，可以倒逼企业加强 ESG

建设，企业良好的 ESG 表现可以显著降低企业风险。并且，凌爱凡等（2023）认为 ESG 投资能够捕捉到基金的市场贝塔信息，当市场处于高涨期间，ESG 投资会增加基金组合的市场贝塔，而当市场处于低谷期间时，ESG 投资又会降低组合的市场贝塔，这一特征有助于基金通过改变其 ESG 投资水平来对冲外部风险。

因此，投资者应积极树立并重视 ESG 投资理念，将企业 ESG 表现作为决定投资战略的重要参考。在投资时不仅要关注企业的财务绩效，更要关注其环境表现、社会表现和公司治理表现等非财务绩效，从而降低投资风险并获得可持续性回报（席龙胜和赵辉，2022）。

在改变对可持续投资的看法、树立 ESG 投资理念后，投资者还需注意投资执行时的其他问题和进步方法。我们将从 ESG 评级、投资标的、市场环境、投资者自身以及信息技术五个角度，提醒投资者在执行可持续投资时需注意的问题，并为投资者未来如何更好地可持续投资提出建议。

第一节　ESG 评级

投资者在跟踪 ESG 评级指标时，首先要注意 ESG 指标的可靠性。根据目前基于研究的信息，市场无法将 ESG 的各个方面包含在一家公司的价值中，这导致 ESG 方面的衡量往往不足，甚至被低估。虽然 ESG 信息是公开的，但新信息并不总是立即和充分地反映在证券价格中（Silvola 和 Landau，2021）。此外，大部分可持续性评级的基础都是不可靠的第三方数据，这些数据的来源并不透明，存在重大错误、成本和与发行公司无关的限制（Birl 等，2020）。

其次，投资者需要注意 ESG 分歧问题。随着可持续投资的兴起，环境、社会和公司治理（ESG）评级已经成为投资决策的重要参考依据。不同的评级机构提供了不同的 ESG 评级，这种差异可能导致个人投资者对于企业的 ESG 表现产生疑虑，提高可持续投资的风险。

对于 ESG 评级产生差异的原因，学界进行了丰富探讨。国外学者 Berg 等

（2022）将 ESG 评级差异归类为了三个不同的来源，分别是范围差异、度量差异以及权重差异。"范围差异"是指基于不同属性集进行评级的情况。例如，一家评级机构可能包括游说活动，而另一家评级机构可能不包括游说活动，导致两家评级出现分歧。"度量差异"是指评级机构对同一属性使用不同的指标进行度量的情况。例如，一个公司的劳动实践可以根据劳动力流动或针对该公司与劳动有关的法院案件的数量来评估。最后，当评级机构对属性的相对重要性持有不同观点时，就会出现"权重差异"。例如，劳动实践指标可能比游说指标的权重更大，从而进入最终评级。范围、衡量和权重差异的贡献相互交织，很难解释两个环境、社会和治理评级之间的差异。研究发现，度量差异是 ESG 评级差异的主要驱动因素，贡献了 56% 的评级差异。范围差异也很重要，贡献了 38%，而权重差异仅贡献了 6%。而对于度量差异在一定程度上是由"评分者效应"驱动的。这也被称为"光环效应"，意思是一家公司在某一类别中获得高分，就更有可能在同一评分者的所有其他类别中获得高分。国内学者刘向强等（2023）认为不同的评级机构采用各自不同的度量模型和方法，特别是在涉及定性指标如人权、道德与反腐败时，度量方式存在较大的主观性，因此导致不同机构之间出现较大的 ESG 评级差异。此外，在缺乏统一的披露和评级标准的情况下，上市公司的 ESG 报告可能引发评级机构之间的分歧（Christensen 等，2022）。

而对于 ESG 评级分歧的后果。理想情况下，即使不同评级机构因度量标准和方法的不同而出现分歧，这种差异本应为投资者提供了更多维度的信息，以帮助他们更全面地了解企业的 ESG 实践。然而，研究表明 ESG 评级的分歧实际上引发了不确定性，这种不确定性提高了公司的风险溢价（Gibson Brandon 等，2021），降低了对股票的总体需求（Avramov 等，2022）。同时，ESG 评级分歧影响了市场对被评级公司 ESG 表现的准确评估，也妨碍了企业根据评级意见有针对性地改善其 ESG 表现。此外，ESG 评级分歧未能提供有关公司未来 ESG 表现的额外信息，反而使上市公司的股票累计超额收益率和收益波动率随着 ESG 评级分歧的增加而增加。研究发现，ESG 评级分歧会提高股价同步性，即评级分歧存在"噪音效应"，进一步表明 ESG 评级分歧会恶化市场信息环境（刘向强等，2023）。Christensen 等（2022）通过在发布修订的 ESG 评级（t−1，t+1）前后进行三天的窗口测试，发现 ESG 分歧越大，股票回报波动越大，绝对价格波动越大，并表明 ESG 分歧与市场参与者相关。除此之外，随着时间的推移，这些结果变得更加显著，这表明 ESG 分歧正在对市场产生越来越大的影响。同时，ESG 分歧还影响了企业的融资选择。与 ESG 分歧通过引入企业长期可持续性的不确定性而造成市场摩擦的情况一致，ESG 分歧较大的企业不太可能从外部融资，而倾向于更多地依赖内部融资。

最后，投资者在跟踪 ESG 指标时，常常陷入一种复杂的两难选择局面。这种情况的复杂性在于，某些行动或政策可能会同时对 ESG 的不同维度产生正面和负面的影响（墨比尔斯等，2021）。这种两难选择的例子可以在各种领域找到。例如，一家公司可能在减少碳排放方面表现出色，从而对环境维度产生积极影响，但在社会方面可能存在问题，比如劳工权益或供应链伦理问题。或者，某项政策可能会创造更多的就业机会，从而有利于社会维度，但同时可能导致自然资源的过度消耗，损害环境维度。

因此，个人投资者在实际投资过程中，要注意 ESG 评级的可靠性问题、ESG 评级分歧所隐含的风险以及两难选择，以下关键的方案可以有效帮助个人投资者管理面对 ESG 评级差异的风险，确保投资者正确理解企业的 ESG 表现。

第一，个人投资者可以通过多家不同评级机构的对比来获得更全面的信息。比较多家评级机构的评级结果有助于投资者更好地了解公司的 ESG 表现，从而作出更为明智的投资决策。

第二，个人投资者应深入研究被评级公司的 ESG 报告和披露，而不仅仅依赖于评级机构的综合评级。了解公司的具体 ESG 实践可以帮助投资者更好地理解评级的背后，以及评级结果是否与公司的实际表现相一致。

第三，个人投资者可以根据自己的 ESG 价值观和目标，制定自定义的 ESG 标准。这有助于他们更好地筛选潜在的投资，确保这些投资与其价值观一致。

第四，定期跟踪被投资公司的 ESG 进展和改善也是关键策略之一。公司的 ESG 表现可能会随时间而变化，因此投资者需要保持警惕，以确保其投资仍然与其 ESG 目标一致。

第五，分散投资组合也是一种有效的策略，包括不同的 ESG 基金和资产类别。这有助于降低 ESG 评级差异对整体投资组合的影响，同时提高投资组合的多元化，降低风险。通过采用这些策略，个人投资者可以更好地管理 ESG 评级差异带来的不确定性，以实现更为可持续的投资。

第二节　投资标的

尽管 ESG 投资的吸引力不断增强，个人投资者在实际投资时可能会忽略对购买资产的实际履行情况进行审查。这种忽视可能导致一系列潜在风险，其中风格漂移、基金漂绿、碳信息披露"言过其实"以及机构共同持股备受关注。我们将深入探讨这四类现象所隐含的风险，以帮助投资者更好地理解 ESG 投资的挑战，并提供相应的应对策略。

风格漂移对于个人投资者而言，可能是一个不太为人所知但却关键的概念，因此，个人投资者在实际投资过程中可能会忽略风格漂移带来的风险。风格漂移指的是基金在实际运作过程中，偏离了招募说明书设定的投资目标或投资风格。这意味着基金经理在管理投资组合时未能按照预定的战略执行，投资组合中包含了不符合原本风格的资产，或者风格分配不再与招募说明书一致。

在可持续投资领域，特别是 ESG 基金，风格漂移表现为未能按照招募说明书中所承诺的 ESG 准则进行投资。这意味着基金经理未能购买高 ESG 评级公司的股票，或者未能剔除低 ESG 评级公司的股票，投资组合中的股票可能也没有体现出 ESG 绩效的改善（Kim 和 Yoon，2023）。这种偏离可能是有意的，也可能是由于市场条件而发生的。尽管 ESG 基金通常承诺按照一定的环境、社会和公司治理准则来投资，但它们同样容易受到风格漂移的影响。这可能是因为基金经理的个人观点或市场压力，而导致偏离了原本的 ESG 投资战略。这就意味着，即使一个投资者投资了一支 ESG 基金，也不能完全确保其资金会被投资到高 ESG 评级的公司，或者不会涉足与其 ESG 承诺不符的行业。

风格漂移对个人投资者和市场都带来了一系列潜在问题和后果。首先，它可能导致投资者未能获得他们期望的回报。如果一个投资者投资了一个 ESG 基金，但该基金未能按照 ESG 准则进行投资，那么该投资者可能会失去对环境和社会问题的投资机会，同时也可能失去与其 ESG 目标一致的回报机会。其次，风格漂移可能破坏投资者的信任。投资者选择 ESG 基金可能是因为他们关心可持续性问题，期望其投资能够推动社会和环境改善，并据此获得可持续回报。而如果基金未能按照他们的期望进行投资，这可能导致他们对整个 ESG 投资市场产生怀疑。这对于 ESG 领域的声誉来说是一个重要问题，因为信任是投资的基础之一。

投资产品有时也会出现漂绿。基金漂绿是指基金管理公司可能会夸大其 ESG 承诺，试图误导投资者，特别是对于 ESG 投资的新兴市场，这类风险尤为突出。这些风险的存在要求投资者采取更加审慎的方法，以确保他们的 ESG 投资取得预期的效果。随着对环境、社会及治理相关产品的需求呈指数级增长，资产管理公司看到了吸引投资者资金的机会。他们声称已经将环境、社会和治理考虑纳入其投资过程，但由于 ESG 投资仍然是一个新事物，投资经理和投资者评估所述 ESG 因素的重要性的能力正在不断发展。因此，资产所有者和顾问质疑基金的 ESG 方法并识别基金经理的任何潜在漂绿行为是至关重要的（Bradley，2021）。同时，漂绿行为涉及公司夸大他们的环保主张或宣传其产品或服务的环保利益，以试图误导消费者和其他利益相关者（Bradley，2021）。在竞争激烈的市场中，公司可能感到有必要通过标榜自己的环保举措来吸引消费者，因为环保问题已经成为许多人的关注焦点。然而，一些公司可能过度夸大他们的环保成就，甚至可能制造虚假的环保标签，以获取竞争优势。这不仅误导了消费者，还可能损害整个可持续性领域的声誉。这种行为的结果是，消费者可能难以分辨真正的环保努力和虚伪的宣传。他们可能因为公司的虚假陈述而购买了未经验证的环保产品，从而在实际情况下未能为环境作出实质性贡献。这也可能使一些公司遭受负面反馈，导致公众对整个可持续投资的怀疑。

在碳信息披露和社会责任中也存在着"言过其实"。碳信息披露在金融领域引起了广泛的注意，因为它被认为与上市公司的股票回报率密切相关。碳信息披露能够显著提高上市公司股票回报率，由此带来的碳溢价驱使企业在碳信息披露过程中"言过其实"。碳信息披露的"言过其实"通过降低投资者信心及债务融资水平造成溢价损失（孙晓华等，2023）。由于碳溢价的吸引力，一些企业可能会被驱使在碳信息披露过程中夸大其环保努力。这被称为"言过其实"，即企业可能夸大或夸张其在减少碳排放和环保方面的成就，以吸引更多的投资。这种做法可能导致投资者对企业的信心下降，因为他们发现企业的碳信息披露不真实可信。这不仅可能对股票回报率产生负面影响，还可能降低企业的债务融资水平，因为债权人可能会对企业的可信度产生疑虑。同时，企业伪社会责任行为已经成为一种全球性普遍现象，并且这种行为对社会福利增进、社会秩序重构、有责任感经济的发展都带来严重侵蚀和挑战，特别是对当前声势越来越浩大的全球企业社会责任运动的持续深入和健康发展产生了不可忽视的消极影响，企业社会责任的正当性和存在合理性更是因此而受到前所未有的质疑（肖红军等，2013）。

共同机构持股也会对投资者持仓造成影响。共同机构持股现象是指在资本市场中，多家机构投资者，特别是公募基金等机构，同时持有一家或多家上市公司的股票。这种现象在现代金融市场中相当常见，因为许多机构投资者将其客户的资金投入多家不同的上市公司，以实现分散风险和投资组合多元化的目标。然而，研究发现共同机构持股现象可能对企业的环境、社会和公司治理（ESG）表现产生消极影响，同时也降低了企业后续的 ESG 投入。

共同机构持股现象对企业 ESG 表现产生的消极影响主要表现在以下几个方面（雷雷等，2023）：第一，降低了 ESG 表现：研究表明，共同机构持股会显著降低企业的 ESG 表现。这可能是因为共同机构持股使企业更加关注短期股价绩效，而忽视了 ESG 问题的长期重要性。企业可能会为了迎合机构投资者的短期需求，而减少 ESG 方面的投入，从而导致 ESG 表现变差。第二，支持合谋舞弊：共同机构持股可能支持了垄断所蕴含的合谋舞弊假说。当多家机构投资者共同持有一家企业的股票时，它们可能更容易协同行动，以谋求自身的利益，而不考虑 ESG 问题。这可能导致不道德或违法行为的出现，进一步损害了企业的 ESG 声誉。第三，扭曲市场运行机制：共同机构持股会提升企业在市场中的势力，从而扭曲了市场运行机制。企业可能会借助这种市场势力来抑制竞争，降低对 ESG 改进的动力。此外，共同机构持股可能导致企业安于现状，不愿采取积极的 ESG 改进措施。第四，降低 ESG 投入：研究还发现，共同机构持股会降低企业对长期 ESG 投入的意愿，甚至导致绿色创新活动的显著减少。这意味着企业可能会在 ESG 方面的长期可持续投资上缩减开支，从而降低了其 ESG 表现。

因此，个人投资者在实际投资过程中，要注意以上风险，以下关键的步骤和策略可以有效帮助个人投资者降低实际投资过程中的风险，确保他们的投资与其 ESG 目标一致，进而获得相应收益。

第一，个人投资者应该仔细研究基金的招募说明书和投资策略。了解基金的投资目标以及其 ESG 准则是非常重要的，因为这将帮助投资者更好地了解基金的战略。如果基金的招募说明书清晰地定义了其 ESG 目标，那么投资者可以更容易地评估基金的实际表现是否与承诺一致。

第二，个人投资者应该定期监测其投资组合。这包括审查投资组合中的资产，以确保它们与投资者的 ESG 目标一致。如果投资者发现基金发生了言不符实的情形，他们可以采取行动，例如重新分配资金或选择其他符合他们期望的投资选项。

第三，个人投资者还可以考虑使用专业的 ESG 评级机构或工具来评估基金的 ESG 表现。这些机构和工具可以提供独立的分析和评估，帮助投资者更好地了解基金的 ESG 绩效，并选择最符合他们目标的投资。

第四，风格漂移是个人投资者在进行 ESG 投资时需要警惕的潜在风险之一。通过仔细研究基金的招募说明书、定期监测投资组合以及使用专业工具来评估 ESG 表现，个人投资者可以更好地管理这一风险，确保他们的投资与其 ESG 目标一致，同时也有望实现可持续的回报。在可持续投资领域，了解和应对风格漂移是确保投资成功和实现社会、环境目标的关键一步。

第五，个人投资者可以进行多样化投资。个人投资者可以通过投资多个不同的上市公司来分散风险，多元化资产配置有助于降低对特定资产的依赖，减轻持仓中风格漂移、漂绿或共同机构持股对整体投资组合的影响。

第三节　市　场　环　境

一、资产泡沫

市场泡沫会提高投资者的风险。ESG 投资快速增长，有较高的市场热度，但也存在着潜在泡沫和市场崩溃的问题（Keeley，2022）。具体来说，ESG 投资吸引了大量的资本流入，这表明投资者对社会和环境问题的关注不断增加。这种资本流动已成为一个令人震惊的趋势，反映出投资者对可持续性问题的日益认可。然而，这也带来了风险，因为大规模资本流入可能导致市场价格被推高，形成泡沫。同时，随着投资者对高质量 ESG 标志公司的需求增加，供应方面可能会出现挑战。这可能导致投资者竞相争夺有限数量的 ESG 资产，从而推高了这些公司的估值。这种供需失衡是一个潜在的问题，因为它可能导致高估值公司的泡沫，投资者购买这些股票时需要谨慎。如果 ESG 资产的价格被推高，而不是基于公司的实际可持续性表现，那么市场可能出现泡沫。泡沫可能会引发市场崩溃，特别是当投资者期望值无法满足时，投资者对 ESG 领域的高期望值可能导致失望和焦虑。ESG 市场中的高度波动性可能对实体经济产生负面影响。市场的不稳定性和剧烈波动可能引发投资者的恐慌，导致卖出浪潮。这种恐慌性卖出可能会传播到其他市场，导致更广泛的市场崩溃。

ESG 投资领域的市场热度高且资本流动是积极的，但也伴随着风险，包括投资泡沫和市场崩溃的潜在问题。个人投资者在面临 ESG（环境、社会和治理）资产泡沫和价格波动的问题时，需要采取一系列策略和应对措施，以降低潜在的风险，确保他们的投资仍能处于正轨。以下是一些建议，帮助个人投资者更好地应对这些挑战：

第一，个人投资者要多样化其投资组合。多样化是降低 ESG 资产泡沫风险的有效策略。投资者应该将资金分配到不同类型的 ESG 资产，避免过于集中于某一领域或资产类别。多样化可以帮助分散潜在的泡沫风险，因为不同领域或资产类别受到不同的市场因素影响。

第二，个人投资者可以坚持长期投资。长期投资是应对市场崩溃的重要策略。投资者应该采用长期的投资视角，不受短期市场波动的干扰。这意味着不要轻易卖出 ESG 资产，即使市场出现短期波动。长期投资有助于更好地实现 ESG 资产的长期增长潜力。同时，个人投资者应该设定风险限制和止损策略，以应对市场崩溃。这些策略可以帮助他们在市场出现剧烈波动时保护投资组合价值。确保风险在可控范围内，并制订应对不同市场情况的计划。

第三，充分深入研究和尽职调查。投资者应该深入研究他们的 ESG 资产，包括公司的可持续性表现和治理结构。了解投资标的的具体情况有助于投资者作出明智的决策。此外，尽职调查也有助于识别潜在的泡沫迹象或风险。同时，个人投资者应投资于高质量资产。选择高质量的 ESG 资产是应对泡沫和市场崩溃的关键。高质量的资产通常更具稳定性和增长潜力，而低质量资产更容易受到市场波动的冲击。投资者应该寻找那些在可持续性和治理方面表现出色的公司和资产。

第四，个人投资者要持续学习和跟踪市场。了解市场的发展是保持投资成功的关键。个人投资者应该不断学习关于 ESG 资产和市场的知识，跟踪相关新闻和趋势。这有助于他们更好地应对市场变化和泡沫风险。如果个人投资者感到对 ESG 资产的泡沫和市场崩溃问题不确定，可以考虑寻求专业的理财顾问或金融专家的建议。专业意见可以帮助投资者更好地理解市场情况，制定适合自己风险偏好和投资目标的策略。

第五，个人投资者需要保持冷静和理性，不受市场短期波动的影响。了解 ESG 资产的本质和潜在风险，采取适当的风险管理策略，并坚守长期投资原则，将有助于他们更好地应对 ESG 资产泡沫和市场崩溃的挑战，实现可持续的投资回报。投资者还可以关注市场情绪，以帮助识别市场泡沫和风险。市场情绪可能会导致泡沫的形成，因此观察市场参与者的情绪和行为可以提前发现潜在问题。

二、外部不确定性

当面对外部不确定性时，个人投资者会更容易受到影响。因为不同于专业投资者，个人投资者相对不理性，存在着亲社会偏好，并且资金存在限制。在新冠疫情暴发后的经济和收入冲击背景下，更可能导致对可持续投资需求的下降（Döttling 和 Kim，2022）。具体来说，散户投资者通常对社会和环境问题有较高的关注，这种亲社会偏好使他们更倾向于支持可持续投资。然而，新冠疫情引发的经济不确定性和失业可能导致他们更加关注财务安全，而减少了对可持续性问题的投资。同时，散户投资者通常拥有有限的投资资金。新冠疫情可能导致许多人失去了工作或经济不稳定，因此他们可能更加谨慎地管理资金。这可能导致他们减少对可持续投资的支持，因为他们需要确保自己的经济生计。新冠疫情的冲击可能导致投资者更加关注短期财务问题，如支付账单、维持生计和应对紧急开支。这种短期财务焦点可能使他们减少了对长期可持续投资的兴趣。相比之下，散户投资者可能会更加选择风险规避，因为他们需要在不确定的经济环境中保护自己的财务安全。考虑到可持续投资通常伴随一定的风险，投资者可能更倾向于传统资产，如现金或债券，以规避风险。

综合来看，新冠疫情的经济冲击可能影响散户投资者对可持续投资的需求。这一趋势可能是暂时的，而投资者在经济稳定后可能会重新关注可持续性问题。以下策略可以帮助个人投资者应对这一背景下的挑战，继续坚持可持续投资的原则：

第一，个人投资者要保持理性，避免频繁交易以应对短期波动。长期投资有助于减少交易成本，并能够更好地抵御市场波动。积极选择那些在可持续领域表现良好的资产。这可能包括投资于 ESG（环境、社会和治理）标准高的公司或可持续基金。这些资产可能在疫情后复苏得更好，因为它们更具韧性。

第二，个人投资者要重新审视长期目标。虽然疫情可能导致短期经济不确定性，但投资者应重新审视他们的长期财务目标。可持续投资通常是面向未来的投资策略，投资者应该牢记长期利益，并将疫情造成的短期波动视为长期目标实现的一部分。

第三，提高自身专业能力。个人投资者可以花时间学习和提高对可持续投资的理解。了解可持续投资的益处以及如何将其与财务目标相结合，有助于增强对这一策略的信心。同时，为了降低风险，投资者可以通过多样化投资组合来分散风险。这包括投资于不同资产类别和行业，以减轻短期经济波动对投资组合的影响。

第四，进行合理投资规划和储备紧急基金，个人投资者要确保有一个紧急基金，以应对突发事件和支持生活费用。合理的投资规划也有助于确保在短期冲击下保持财务稳定。并且了解政府和监管机构在可持续领域的政策制度变化，这些政策可能会对投资提供潜在的支持和激励。坚持可持续投资的原则，这有助于确保他们在未来能够实现财务目标，并为社会和环境作出积极的贡献。

第四节　投资者自身

一、过度自信

个人投资者的过度自信是一种普遍存在的心理倾向，指投资者对自己的投资技巧和判断力产生过高的自信，认为自己比市场更聪明，能够在投资中获得超常的回报。这种过度自信可能导致一系列投资决策和行为，其中有些可能不理性且风险较高。

具体表现为：（1）过度交易。过度自信的投资者可能频繁进行交易，相信自己可以在短期内获取高额回报。他们可能不断地买卖资产，忽视了长期投资策略，导致高交易成本和损失。（2）忽视风险。过度自信的投资者可能低估风险，对潜在损失缺乏足够的警惕。他们可能过于乐观，认为市场不会出现剧烈波动，从而没有适当的风险管理策略。（3）忽视多样性。这类投资者可能过于自信地押宝于某个资产类别或市场，而不进行充分的多样化投资。他们可能过于集中于某些资产，忽视了分散投资的重要性。（4）忽视研究和分析。过度自信的投资者可能自以为拥有足够的专业知识，不认为需要深入研究和分析投资机会。他们可能过于依赖自己的主观看法，而不考虑客观数据和信息。

空气污染可能对投资者的心理和决策产生影响，特别是在投资决策中过于自信和易受交易诱惑的情况下。在雾霾严重的天气里，投资者可能会变得相对过于自信，或者在室内待的时间更长，从而更容易受到交易的诱惑，即使他们没有得到有价值的信息（Huang 等，2020）。一方面，雾霾天气可能引发投资者情绪波动，特别是焦虑和不安。同样，投资决策中的情绪也可能产生重大影响。投资者可能受到市场波动和媒体报道的情绪影响，导致决策受到情感驱动，而非理性思考。这可能会导致过度自信或避险的行为，使投资者失去冷静的头脑，作出不明智的投资决策。另一方面，在雾天的条件下，人们可能更容易受到直觉和诱惑的影响，而不是依靠冷静的思考和理性的分析。同样，投资者可能受到市场上的快速波动和短期交易机会的诱惑，而忽略了长期投资的原则。这种行为可能导致频繁的交易和损失，降低了投资回报的潜力。

因此，了解投资者的过度自信心理以及空气污染对投资者心理和决策的影响，可以帮助他们更好地管理这种情况下的投资风险。具体来说：

第一，投资者需要保持理性，避免冲动的交易决策，注重长期投资的原则，并尽量减少情感驱动的决策。同时，他们还应采取适当的风险管理策略，确保在不确定的市场条件下保持稳健的投资组合，以实现可持续的投资回报。

第二，投资者要积极自我反省。投资者首先需要认识到自己的过度自信倾向，并进行自我反省。了解自己的投资行为和心理状态是改善的第一步。同时，建立明确的投资计划和策略，包括投资目标、风险接受度和资产配置。这有助于减少情感驱动的决策，更多地依赖计划和策略。

第三，个人投资者需要警惕过度自信的陷阱，以避免不理性的投资决策和潜在的损失。通过自我反省、制订计划、多样化投资、寻求专业建议和建立风险管理策略，他们可以更好地应对过度自信的问题，提高投资绩效和回报。

二、处置效应

处置效应是行为金融学中一个重要的概念，用来描述投资者在管理投资组合时的一种典型行为。这种现象涉及投资者如何决定出售或保留他们的资产，以及他们在投资组合中的不同资产之间如何作出决策。处置效应通常表现为投资者对于已经盈利的资产倾向于迅速出售，而对于亏损的资产则更愿意持有，即"赢者卖、输者留"的倾向。这一现象在很大程度上影响了投资者的决策，可能导致不理性的投资行为和亏损。

处置效应的原因之一是投资者往往更加关注他们的投资组合价值相对于他们的初始投资成本，而不是相对于市场的整体表现。这导致了一种对盈利的短视和对亏损的耐受，因为投资者希望看到他们的投资赚钱，但害怕承认他们的投资出现亏损。这种行为可以追溯到心理学中的损失厌恶理论，即投资者更害怕损失而不是渴望获利。

空气污染对投资者的影响是一个备受关注的议题，在空气污染的影响下，个人投资者更容易受到处置效应的影响（Huang 等，2020）。具体来说：（1）情感因素。空气污染往往引发广泛的社会关注，因为它对人们的健康和生活质量产生直接负面影响。在这种情境下，个人投资者可能更容易受到情感因素的影响。他们可能会因为担忧或情感上的不安而采取决策，试图摆脱与空气污染相关的投资。（2）市场波动。空气污染事件通常伴随着市场波动，特别是与环保和清洁能源相关的公司可能会受到市场情绪的影响，个人投资者可能因担心这些影响而采取处置效应。（3）信息获取和处理。空气污染事件通常伴随着大量的新闻报道和社交媒体讨论。个人投资者可能在信息过载的情况下难以处理这些信息，导致情感决策而不是基于理性分析的决策。这可能导致更频繁的交易和处置效应。（4）空气污染和相关环保问题可能成为个人投资者关注的 ESG 因素之一。他们可能更倾向于投资在环保领域的公司，同时避免那些受空气污染问题影响较大的公司，这也可能引发处置效应。

综合来看，个人投资者的处置效应可能受到多种因素的影响，包括情感因素、市场波动、信息处理挑战、ESG 投资趋势和政策变化。处置效应的影响在投资者的实际决策中也十分显著。投资者的这种不理性行为可能导致他们错失了一些优质的投资机会，因为他们过早出售盈利的资产，而继续持有亏损的资产。此外，处置效应还可能导致投资者的投资组合过于分散，因为他们害怕集中投资在表现良好的资产上。这可能会导致过高的交易成本和低回报，从而降低了投资者的整体收益。投资者应该意识到这些因素，并努力通过理性决策和更深入的研究来应对处置效应，以更好地实现长期投资目标。为了应对处置效应，个人投资者需要采取一系列策略来减轻其潜在风险：

第一，投资者应该提高他们的决策意识，认识到处置效应的存在并学会识别它。这意味着投资者需要更加理性地看待他们的投资组合，而不是受到情感和过度自信的驱动。了解自己的行为倾向，特别是在面对亏损时如何作出决策，对于改进投资决策至关重要。

第二，投资者应该采取更理性的投资策略，包括制定明确的投资计划和纪律。这意味着设定目标和风险限制，并坚守这些规则，而不是根据情感作出决策。例如，投资者可以设定止损点，当资产的亏损达到一定水平时自动出售，以避免情感驱动的决策。同时，投资者还可以采用长期投资的策略，将资产视为长期持有，而不是试图在短期内获得快速回报。

第三，个人投资者可以寻求专业建议，特别是在处理复杂的投资决策时，金融顾问或理财专家可以提供客观的建议，帮助投资者更好地理解市场和投资风险，以制定更好的投资策略。与专业人士合作还可以帮助投资者更好地应对处置效应，因为专业人士通常能够提供更冷静和客观的意见。

此外，监管机构也需要关注信息不对称和信息传播的问题，以确保市场的公平和透明。监管机构可以采取措施来提高市场的透明度，确保投资者能够获得准确和全面的信息。这可以通过要求公司披露更多的可持续性数据和风险信息，以及监管市场的信息传播来实现。

三、财富与道德

权衡财富与道德是一个持续性的过程，需要投资者不断调整和改进自己的投资策略，以适应不断变化的环境和个人目标。这个过程有助于投资者实现财务增长和可持续性目标之间的平衡，并在投资决策中更好地反映他们的伦理和道德价值观。

财富和道德框架在推动投资者参与社会责任投资方面有着不同效果。在鼓励投资者参与负责任的投资方面，财富框架比道德框架更有效。Døskeland 和Pedersen（2016）发现财富型投资者比道德型投资者点击绿色基金的频率高13%，购买绿色基金的频率高21%，而且两个实验组的投资者都比控制组的投资者更倾向于负责任的投资。该结果表明，财富关注是投资行为的首要因素，但财富和道德都影响负责任投资的决定。

具体来说，在财富框架的效力方面，财富型投资者更关注投资的潜在回报和利润，他们更愿意将投资与财富积累相联系。这种财富导向的投资观念使他们更频繁地点击绿色基金和购买社会责任投资产品。他们关注财富的积累，因此对社会责任投资产生更大的兴趣。而对于道德型投资者而言，他们侧重于投资与其个人道德和价值观一致的项目。虽然他们同样对社会责任投资感兴趣，但他们的行为频率可能不如财富型投资者高。这表明道德框架在投资决策中也发挥了一定作用，但其效力不及财富框架。在社会责任投资的共同倾向方面，有趣的是，不论是财富型投资者还是道德型投资者，他们都比控制组的投资者更倾向于社会责任投资。这意味着，无论投资者的主要关注点是财富还是道德，他们都有意愿更积极地参与社会责任投资。这反映了社会责任投资的普遍吸引力和社会影响。在平衡财富和道德方面，对投资者而言，平衡财富和道德是一个关键挑战。这项研究结果表明，财富框架可以作为首要因素来激发投资者的积极投资行为，但道德框架同样重要，可以在投资决策中发挥作用。因此，投资者可以努力在财富和道德之间找到平衡，以实现负责任的投资目标。

总的来说，不同框架对投资者参与社会责任投资有着不同影响。财富框架在激发积极投资行为方面更为有效，但道德框架同样重要。投资者应考虑在投资决策中平衡财富和道德，以实现可持续的投资目标，同时满足个人财务需求和道德价值观。

第一，投资者应权衡财富与道德。在投资决策中，权衡财富和道德因素是投资者面临的挑战之一。投资者需要仔细考虑如何在这两者之间取得平衡。他们可以制定投资策略，在实现财务目标的同时，考虑道德和社会责任。在权衡财富与道德时，投资者首先需要明确定义和理解他们的伦理和道德价值观。这可能包括对环境、社会和公司治理等领域的关切。不同投资者可能有不同的伦理优先级，因此理解个体的价值观是重要的起点。

第二，投资者应明确他们的可持续性目标。这些目标可以包括环境保护、社会责任、道德经营和长期财务增长等。明确目标有助于投资者更好地选择与其目标一致的投资机会。

第三，投资者要制定具体的投资策略。一旦投资者明确了他们的伦理和道德目标，他们可以制定相应的投资策略。这可能包括选择投资在特定 ESG（环境、社会、公司治理）领域表现良好的资产，或是支持可持续性项目和创新。

第四，投资者需要结合自身能力和偏好考虑财富和道德之间的权衡。某些道德投资可能在短期内具有更高的风险，但可能在长期内带来更大的回报。投资者需要根据自身的能力和偏好，评估这些风险和回报，以制定合适的战略。

第五，投资者需要积极拓展投资工具和产品。投资者可以寻找具有可持续投资特点的金融工具和产品，如绿色债券、社会责任投资基金和 ESG 指数。这些工具可以帮助他们实现可持续性目标，同时也实现财务增长。但是同时应注意不同投资产品的风险收益特征。

第六，投资者应关注社会和政策环境。除微观政策，投资者还应考虑社会和政策环境对可持续投资的影响。政策制度和社会趋势可能会对投资环境产生影响，因此投资者需要密切关注这些因素。

第五节　信息与技术

在信息时代，信息的获取和处理是投资者作出决策的关键环节，投资者首先需要明白信息需要识别和筛选。信息并非完美无缺，而且经常存在失真的情况，因此，有必要对数据去粗取精。这个过程可以揭露出一些有价值的信息，这些信息能更精确地反映公司整体健康状况，以便识别未来很可能大有前途的业务（克罗辛斯基和彼得，2018）。

一、主动搜集信息

投资者需要主动搜集信息。信息的传播在投资中起着至关重要的作用，对交易和回报产生着较大影响。Ozsoylev 等（2014）的研究指出，在信息网络中，中心投资者与外围投资者相比，更容易获得更高的回报和更早的交易机会。这是因为中心投资者通常拥有更多信息和资源，能够更快速地获取和传播有关市场和资产的信息，从而使他们能够更有利地作出决策和交易。

Noe（2002）也指出了个人投资者与战略投资者在信息搜集与获取上的显著差异，强调了个人投资者在短期性、流动性导向以及监督管理层等方面的挑战。对于非战略投资者来说，从资本增值和交易中获得的利润可能难以弥补与监控管理者相关的成本。这是因为非战略投资者通常缺乏对公司决策的直接控制，这使得他们难以有效地监督管理层的行为。与此同时，非战略投资者更注重流动性，而不是长期持有，这意味着他们可能会错失长期投资所带来的潜在价值。因此，非战略投资者通常采用更短期和交易导向的投资策略。

个人投资者在信息方面的劣势会对其投资收益造成影响。对比之下，专业投资者和机构可能拥有更多资源和更快的信息获取途径，使他们能够更快速地作出反应以减轻潜在的投资风险。这种不平等的信息获取能力差异使得一般投资者更容易受到市场波动的冲击，导致投资组合价值的下降。相对之下，对于一般投资者而言，由于自身获取信息的能力相对有限，在负面金融事件发生并产生金融风险时，难以通过及时调整投资标的方式降低投资损失（高扬等，2023）。

因此，个人投资者需要认识到他们在信息搜集和获取方面的挑战，并采取以下的策略，主动搜集和获取信息。

第一，ESG信息通常分散在各种渠道和来源中，可能需要大量的时间和资源来跟踪和解释。ESG信息的分散性意味着这些信息可能分布在各种不同的渠道和来源中，包括公司报告、政府数据、非政府组织的报告、新闻文章和社交媒体等。这使得投资者需要花费大量的时间来定位和访问这些信息，而且往往需要付费获取高质量的数据来源。此外，信息可能涵盖多个领域，包括环境因素（如碳排放和水资源管理）、社会因素（如员工权益和供应链伦理）以及治理因素（如董事会结构和透明度）。这使得信息的解释和分析变得更为复杂，因为不同的维度可能需要不同的方法来解释和量化。在应对这一挑战时，投资者可能需要寻求专业的数据提供商或ESG研究机构的帮助，以获取更好的数据访问和分析工具。此外，他们还需要建立有效的信息筛选和筛查流程，以确保只关注对其投资目标和价值观最重要的信息。这可能需要投资者发展更高级的数据分析和挖掘技能，以更好地应对信息的多样性和分散性。最重要的是，监管机构和行业标准需要进一步发展，以提供更一致和可比的ESG信息，使投资者更容易获取和利用这些信息，从而实现更可持续的投资目标。这一问题凸显了可持续性领域需要更好的信息和数据基础，以帮助投资者更有效地整合ESG因素到其决策中。

第二，信息的质量和可靠性也是一个重要问题。个人投资者需要认识到这些挑战，以便更好地理解其ESG投资，降低风险并提高回报。在选择信息来源时，个人投资者需要评估这些来源的可信度和独立性。不同的数据提供商和报告机构可能会使用不同的标准和方法，因此需要谨慎选择。同时，一些信息可能会滞后于实际发生的事件，这可能导致投资者作出过时的决策。因此，个人投资者可以选择依赖于可信赖的数据提供商和报告机构，对其独立性和方法进行详细研究。其次，投资者需要时刻关注信息的时效性，以便能够及时反映市场变化。此外，了解不同数据源之间的差异，并进行综合分析，有助于更好地理解信息的质量和含义。

第三，积极寻找阶段性交易机会。个人投资者可以采取阶段性的投资策略，以应对 ESG 信息的不确定性和时效性问题。这包括寻找那些能够阶段性受到 ESG 因素影响的投资机会，例如公司发布重要的 ESG 报告或面临 ESG 相关的事件。通过积极关注这些事件，投资者可以更灵活地调整其投资组合，以反映最新的信息和趋势。

第四，与中心投资者建立合作。个人投资者可以考虑与中心投资者建立合作关系，以获取更多的信息和资源。中心投资者通常拥有更多的资金和专业知识，能够更深入地研究和分析 ESG 因素。与这些投资者合作，可能使个人投资者能够访问更多的数据和研究，从而更好地理解 ESG 信息的含义和影响。这种合作也可以提供更多的交易机会和市场见解。同时，个人投资者可以利用专业的 ESG 数据工具和研究报告，以更好地理解和分析 ESG 信息。这些工具和报告通常提供了深入的分析和评估，帮助投资者更好地识别有价值的 ESG 投资机会。此外，它们通常具有更高的数据质量和可信度，有助于减少信息的不确定性。

第五，积极参加教育和培训。个人投资者可以积极参加 ESG 领域的培训和教育活动，以提高对 ESG 问题的理解和分析能力。这可以包括参加线下研讨会、网络研讨会、在线课程或阅读相关文献。通过不断学习和教育，投资者可以更好地应对 ESG 信息的挑战，并更有信心地进行投资决策。这将有助于提高他们对 ESG 信息的理解和分析能力，从而更好地实现可持续性目标并提高回报。在一个不断发展的 ESG 投资环境中，个人投资者需要不断适应和学习，以实现投资成功。

二、提高信息获取能力

投资者在意识到信息的重要性后，仍然需要面对多样化的数据。随着时间的推移，除了传统的财务数据，出现了较多新的数据挖掘途径，为投资者提供了更全面的信息，以更好地评估公司的表现，揭示企业面临的风险和机遇（克罗辛斯基和彼得，2018）。这一趋势涵盖了多个方面，如企业透明度和信息披露反映了投资环境的不断演变和创新，企业透明度水平的不断提高意味着公司越来越愿意主动披露与可持续发展相关的信息。这包括有关环境、社会和公司治理（ESG）因素的信息。投资者可以更轻松地获得这些信息，以便更好地了解公司的可持续性实践和表现。由于大数据技术和数据科学的进步，投资者现在可以访问更多新的数据源。这包括社交媒体数据、传感器数据、卫星图像等。这些数据可以用于更好地了解公司的实际运营状况，如供应链管理、能源效率等。

投资者可以充分利用这些新的数据来源和信息途径，以便更全面、准确和深入地评估公司的可持续性表现。这不仅有助于揭示潜在的风险和机遇，还有助于推动公司朝着更可持续的未来发展。在这个充满创新和变革的投资环境中，投资者需要紧跟时代，不断学习和适应，以更好地实现可持续性目标并提高回报。为应对这些挑战，投资者可以采取以下策略：

第一，投资者要多元化其数据来源。依赖多个数据来源，以获取更全面的信息。这有助于降低数据不准确性和不一致性的风险。依赖单一数据来源可能导致信息的盲点，因为不同数据来源可能关注不同的方面。通过多元化数据来源，投资者可以填补这些盲点，获得更全面的洞察。多元化的数据来源可以相互印证，从而提高信息的可靠性。如果不同的数据源提供相似的信息，投资者更有信心依赖这些信息。多元化数据来源还可以帮助投资者发现新的投资机会。有时，不同数据来源可能揭示出市场尚未充分认识的机会或趋势。总之，多元化数据来源是投资决策的关键因素，有助于提高信息的全面性、可靠性和准确性。在一个信息丰富的投资环境中，投资者需要善用多种数据来源，以更好地实现可持续性目标并提高回报。多元化数据来源是投资决策中的一项有力工具，有助于更全面地评估公司的可持续性表现和揭示潜在的风险与机遇。

第二，投资者应充分利用专业工具和研究。利用专业的 ESG 数据工具和研究报告，以更好地理解和分析数据。专业的 ESG 数据工具和研究报告通常提供深入的分析和评估，涵盖多个维度。这有助于投资者更全面地了解公司的 ESG 表现，包括其环境影响、社会责任和治理实践。这种深度的分析能够揭示潜在的风险和机遇，帮助投资者识别有价值的 ESG 投资机会，作出更明智的决策。通过利用专业的 ESG 数据工具和研究报告，投资者可以更好地应对 ESG 信息的复杂性和挑战，提高信息的质量和可信度。这将有助于他们更明智地选择投资机会，实现可持续性目标并提高回报。在一个不断发展的 ESG 投资环境中，专业工具和研究报告将继续为投资者提供重要的支持和资源。

第三，投资者应积极提高专业知识。投资者可以通过参加 ESG 领域的培训和教育活动，以提高对 ESG 问题的理解和分析能力。这将有助于投资者更有信心地进行投资决策。参加 ESG 培训可以帮助投资者深入了解 ESG 框架和标准，包括不同的 ESG 指南和指数。这有助于他们更好地理解 ESG 因素的核心概念和评估方法。同时，培训活动有助于投资者识别 ESG 领域的风险和机遇。他们可以学习如何分析公司的 ESG 表现，以发现可能影响其长期价值的因素。通过参加 ESG 领域的培训和教育活动，投资者可以不断提升其专业知识和能力，以更好地理解和应对 ESG 信息的复杂性和挑战。这将有助于他们更有信心地制定可持续的投资策略，实现可持续性目标并提高回报。在一个不断发展和演变的 ESG 投资环境中，不断学习和教育将是成功的关键。

三、跟踪媒体报道

媒体的关注也会对投资者造成影响。这是因为媒体的关注对企业 ESG 信息披露质量具有重要作用，积极乐观的媒体报道可能激发企业更多地关注可持续性实践，并更积极地披露相关信息。这种情感因素有助于创建积极的投资环境（翟胜宝等，2022）。特别是在当前信息时代，媒体关注的作用具体体现在以下几个方面：（1）媒体关注有助于提高信息披露质量。媒体的广泛关注可以促使企业更加重视其 ESG 信息披露质量。企业在媒体关注下可能会更加谨慎地审查和发布信息，以确保准确性和透明度。这提高了 ESG 信息的质量，帮助投资者更好地理解企业的可持续性实践。（2）媒体关注有助于优化企业内部控制。企业在面对媒体监督时，倾向于加强内部控制体系。这包括改进数据收集和报告过程，确保信息的准确性和一致性。媒体的观察可以激励企业改进其 ESG 数据管理和披露机制，以适应市场和社会的期望。（3）媒体关注可以强化企业的外部监督。媒体的监督作用有助于强化外部监督机制，如监管机构和独立评级机构。这种外部监督可以促使企业更加负责任地披露信息，并确保其 ESG 实践符合可持续性标准。这种监督有助于维护市场的公平性和透明度。（4）对于国有企业和大型企业，媒体关注对国有企业和规模较大的企业具有更显著的促进效果。这可能是因为这些企业在社会和经济方面的影响更大，因此吸引更多的媒体关注。媒体的监督可以推动这些企业更积极地改进其 ESG 信息披露。而环境敏感度较高的企业往往更容易受到媒体和公众的关注。这些企业在环保、气候变化和社会责任方面的表现更容易成为新闻焦点。因此，媒体关注对这些企业的 ESG 信息披露质量有更大的促进作用。

个人投资者在投资过程中应该谨慎对待媒体的关注，以下是一些具体的应对方法，以帮助个人投资者更明智地处理媒体关注反映的信息：

第一，投资者不要仅仅依赖于一家媒体机构的报道，而是尽量多渠道获取信息。不同的媒体可能会有不同的观点和分析，通过多方面了解信息可以帮助投资者更全面地理解市场。同时注意时间跨度，媒体报道通常更关注短期事件和波动，而投资通常是一个长期的过程。要考虑长期趋势和基本面，而不是被短期噪音所左右。

第二，投资者应该保持理性和冷静。媒体报道常常充满戏剧性和情感，但投资决策应该基于理性和长期的考虑。不要因为媒体的炒作或恐慌而作出仓促的决策。同时谨慎处理热点，热点投资机会通常容易受到媒体关注，但它们也更容易受到波动和风险的影响。要慎重考虑是否要追随热点，而不是盲目跟风。

第三，投资者可以尝试独立研究和分析。投资者应该具备一定的投资知识，能够自己独立进行研究和分析。不要盲目相信媒体的建议，而是要依靠自己的判断力。投资者应该谨慎对待媒体关注。媒体中的投资建议可能受到特定利益方的影响，要谨慎对待这些建议。最好考虑多个观点，并在作出决策之前深思熟虑。

第四，投资者应明智地制订投资计划。在投资之前，制订一个明智的投资计划，包括投资目标、风险承受能力和资产分配。这样可以帮助其在市场波动时保持冷静和坚定。媒体和市场噪音可能会引发情绪波动，导致冲动的投资决策。在制订投资计划时，要设定明确的规则，以避免情绪驱动的决策。明确自己的投资目标是非常关键的。这可以包括短期目标，如购买房屋或支付子女的教育费用，以及长期目标，如退休计划或财务自由。不同的目标可能需要不同的投资策略。分散投资是降低风险的有效策略。不要把所有鸡蛋放在同一个篮子里。通过在不同资产类别（如股票、债券、不动产）和地理区域之间分散投资，可以降低投资组合的整体风险。

四、重视生态指标

在投资过程中，即使投资者树立起可持续投资的观念，主动搜集和获取信息，但是可能未能充分重视生态指标，而更侧重于财务指标和市场表现。然而，随着社会对可持续发展和环境保护问题的日益关注，生态指标变得越来越关键。这些指标包括水资源、低碳投资、空气污染控制、温室气体排放和雾霾等因素，对投资者而言都变得不可忽视。因此，投资者需要重新调整视野，关注这些生态指标，并将它们纳入投资决策中。这一转变将有助于投资者在实现财务回报的同时，促进社会和环境的可持续发展。

在水资源方面，全球水资源正在变得越来越紧张，世界各地的公司和投资者均已感受到这些压力的影响。水资源压力产生各种财务风险，包括相对明显的自然风险和相对无形的监管和声誉风险，这些风险均会产生严重的财务后果。不断变化的水资源挑战也会带来机遇（克罗辛斯基和彼得，2018）。

在碳影响方面，对于投资者而言，在构建有助于向低碳经济转型的投资组合时，计量金融资产的气候变化影响是减轻碳风险和抓住低碳机遇的一个必要步骤。通过碳影响分析法，资产管理人可以获得投资组合层面的评估结果及针对每家标的公司的评估结果，因此，该结果不仅可以作为投资项目的报告，而且还可以引导投资项目（克罗辛斯基和彼得，2018）。

在空气污染方面，空气污染有助于促使企业改善 ESG 表现。具体而言，企业总部所在城市的空气质量指数每增加一个标准差，使得企业的 ESG 评级分数平均增加 2.78%。企业的环境风险感知是空气污染对 ESG 表现影响的重要渠道，即空气污染加剧了企业经营的不确定性，使得企业感受到更大的经营压力，进而进行战略调整，并对 ESG 评级得分产生作用（潘玉坤和郭萌萌，2023）。

在温室气体排放方面，我们必须认识到减排是确保我们的未来安全的关键。尽管各领域对排放量的贡献不是均等的，但每一个领域都承担着相当大的责任，因此在减排方面都存在着重要机会。我们需要进一步深入分析这些机会，以确定在多大程度上以及如何能够迅速将它们付诸实践。与此同时，投资者也需要认真考虑新出现的与减排相关的风险和机遇，以在投资决策中作出明智的选择（克罗辛斯基和彼得，2018）。

在雾霾方面，公众对雾霾的关注度越高，空气污染治理产业股票获得的回报越高，其带来的环保股购买意愿提升可以推动环保相关产业发展，并有望为环境治理提供更多资金来源。因此，随着公众对雾霾关注度的提升，空气污染治理股获得了更高的收益率（王宇哲和赵静，2018）。

因此，投资者应该将生态指标视为投资决策的一个关键因素，并采取相应的措施来确保他们的资产既能够实现财务回报，也能够在环境和社会方面作出积极的贡献，具体来说：

第一，投资者要了解生态指标的重要性。首先，投资者需要认识到生态指标对于环境和社会的可持续性至关重要。这包括关注水资源、碳影响、空气污染、温室气体排放、雾霾等方面的数据。这些因素与企业和产业的长期稳健表现密切相关，因此投资者需要理解其影响。

第二，投资者要整合 ESG 信息。环境、社会和治理（ESG）信息是投资决策的关键因素之一。投资者可以积极寻找与生态指标相关的 ESG 数据，以便更全面地评估公司和行业的表现。这些数据通常可以从可信赖的数据提供商或公司的可持续性报告中获取。同时，投资者可以利用 ESG 筛选方法，将环境相关的指标纳入其投资决策流程中。可以排除那些在生态问题上表现差的公司，或者加大对表现良好的公司的投资。

第三，投资者还可以积极支持和参与与生态保护相关的可持续倡议和活动。这包括投资环保组织、支持可再生能源项目以及与公司互动以促使其改善其生态表现。同时考虑生态指标通常更关注长期影响，而不仅仅是短期利润。投资者应该采用长期视角来评估投资，以确保他们的资产在未来仍然有持续增值的机会。

五、关注政策制度

投资者还应对政策制度给予关注，政策制度关系着可持续投资的方向。欧盟委员会于 2018 年 3 月发布了可持续增长融资行动计划，并于 2018 年 5 月发布了相关政策制度提案。投资者应该了解正在制定什么样的法律，以及如果法律得到实施，会对投资产生怎样的影响。在欧盟可持续金融行动计划中，起点是可持续性报告将标准化，公司特定的 ESG 数据将对投资者透明且可比较。ESG 需要一个类似的报告框架，就像已经应用于财务信息（国际财务报告准则，IFRS）一样，公司的披露义务和尽职调查在这方面发挥着关键作用（Silvola 和 Landau，2021）。而国内政策也同样对可持续投资高度关注：2016 年 8 月 31 日，中国人民银行、财政部、国家发展改革委、环境保护部、银监会、证监会、保监会印发《关于构建绿色金融体系的指导意见》，2021 年 10 月 24 日发布的《中共中央国务院关于完整准确全面贯彻新发展理念做好碳达峰碳中和工作的意见》均表明了我国对可持续投资的重视。

因此，个人投资者对可持续投资政策制度的关注非常重要，因为这些政策制度可能会对投资环境和投资决策产生重大影响。投资者可以通过以下方法，关注和参与可持续投资政策制度的进程：

第一，个人投资者应积极了解相关政策制度。个人投资者应该了解与可持续投资相关的政策制度。这可能包括国家、地区或国际层面的政策制度。关注政府机构、监管机构和国际组织发布的关于可持续投资的政策制度。

第二，个人投资者可以加入投资者组织。许多投资者组织和协会专注于可持续投资，并积极参与政策制度制定过程。个人投资者可以考虑加入这些组织，以获取有关政策制度进展的信息，并与其他投资者分享意见和建议。同时，也可以参与社会活动和倡导组织。有时，社会活动和倡导组织可以对可持续投资政策制度产生积极影响。加入或支持这些组织，以通过集体呼吁推动变化。

第三，个人投资者可以尝试与政策制定者和决策者沟通。政府通常会在制定新政策制度时进行公开磋商，听取各方意见。个人投资者可以积极参与这些磋商，提供他们的观点和建议，以确保政策制度考虑了他们的需求和利益。同时，个人投资者可以通过写信、电子邮件、电话或会面的方式与议员、监管机构代表和政府官员沟通。表达自己的立场、关切和期望，以影响他们在可持续投资方面的政策立场。

第四，坚持价值观和投资目标。在关于可持续投资政策制度的过程中，个人投资者应坚持其价值观和长期投资目标，通过积极关心可持续投资政策制度，个人投资者可以为塑造未来的投资环境和社会责任发挥积极作用。

六、掌握新技术

为了提高投资者的交易水平，丰富投资方式，满足其投资目标，投资者应了解其他的交易工具。投资者对期权价值评估的不准确可能导致市场出现泡沫现象（Gong 等，2017）。这一情况涉及多个方面，包括投资者行为、市场机制和风险管理。具体来说：（1）投资者对期权市场关注不足。有些投资者可能更关注传统的股票市场，而对期权市场了解不足。这可能是因为股票市场更广为人知和流行，投资者更容易获得与之相关的信息。然而，期权市场同样重要，因为它提供了多种投资和对冲策略，可以帮助投资者降低风险和实现回报。因此，忽视期权市场可能导致投资组合的不充分多元化。（2）投资者对期权价值评估不准确。期权市场具有复杂的定价模型，需要准确评估期权的内在价值和时间价值。如果投资者对这些价值的评估不准确，可能会导致不适当的交易决策。这包括对期权的买入和卖出，以及对期权组合的构建。不准确的期权定价可能导致泡沫和市场震荡。（3）投资者对市场机制和流动性缺乏了解。期权市场的流动性和交易机制可能不同于股票市场。投资者可能不熟悉期权的交易规则和特点，这可能导致交易执行时出现问题。此外，低流动性的期权市场可能容易受到波动性的影响，导致价格的不稳定性。（4）投资者无法有效管理此类工具的风险。由于投资者不了解期权市场的特点和风险管理工具，这可能使投资者更容易受到市场波动的影响。期权可以用于对冲股票头寸，帮助降低投资组合的风险。然而，如果投资者不熟悉这些工具，他们可能无法有效地管理风险，从而导致投资组合的波动性增加。

期权市场为投资者提供了多样的战术和机会，但要充分利用这些机会，需要不断学习和发展相关技能。投资者可以通过以下策略提高他们在期权市场的理解和操作技能，深化对期权的定价、风险管理和投资策略的了解。这将有助于投资者更加自信和有效地参与期权交易。

第一，学习不同交易工具。期权市场相对于传统股票市场更复杂，因为它涉及多种期权合同、不同行权价格和到期日。投资者需要理解这些概念以及如何选择适当的期权策略，以满足他们的投资目标。

第二，了解期权的定价模型对于投资者来说至关重要。这包括了解期权的内在价值和时间价值，以及如何评估期权的合理价格。投资者需要掌握这些概念，以便能够做出明智的期权交易决策。

第三，学会管理期权风险。期权交易涉及风险，因此投资者需要了解如何管理这些风险。这包括了解如何对冲现有头寸、设定止损和止盈水平，并制定风险管理策略。良好的风险管理可以帮助投资者降低潜在的损失。

第四，积极寻求专业建议。寻求专业建议是提高期权交易技能的另一种途径。投资者可以咨询金融顾问或专业交易员，以获取有关期权市场的建议和指导。专业建议可以帮助他们更好地理解市场动态和制定战略。

第五，投资者可以积极进行模拟交易。模拟交易平台允许投资者在真实市场条件下进行虚拟交易，无须实际投入资金。这是一个很好的练习和学习工具，可以帮助投资者磨炼他们的期权交易技能，而不必冒险实际投资。

此外，投资者还能利用 AI 工具提高可持续投资能力。在过去，投资者在作出决定时主要依赖于财务信息。在大数据和人工智能（AI）的重大技术发展的推动下，非金融数据被用于补充金融数据。事实上，这种新的非金融数据维度的真实性、可伸缩性和质量使我们能够看到公司的内部。非财务信息的扩散和分析能力正变得越来越重要，不仅使我们能够了解公司的可持续性，而且还能了解其经济表现和竞争力。然而，正如 CFA 的报告所显示的那样，只有少数先驱者将人工智能直接纳入了他们的投资过程，而大多数人只在投资决策和战略中纳入了有限的人工智能技术。在投资决策中成功采用人工智能和大数据主要需要资金、人才、技术、领导愿景和时间。随着技术发展，人工智能（AI）和机器学习（ML）技术在评估可持续性数据和提高投资决策方面具有显著作用（Bril 等，2020）。

具体来说，这些先进的 AI 技术能够：（1）提高数据透明度。AI 和 ML 技术能够分析大规模数据集，识别隐藏在其中的模式和趋势。这有助于提高数据透明度，使投资者能够更好地理解企业的可持续性表现。通过自动化数据分析，这些技术有助于揭示 ESG 数据中的关键信息，提供更全面的视角。（2）解决数据稀缺性问题：可持续性数据通常受到数据稀缺性的挑战，即某些 ESG 事件可能没有得到充分的报告。AI 和 ML 可以通过自动监控和数据采集，填补这一数据缺口。它们能够从多个来源汇总信息，包括新闻报道、社交媒体和公司报告，以提供更全面的数据集。（3）检测企业的 ESG 事件。AI 和 ML 技术具有实时事件检测的潜力，可以自动识别和跟踪与环境、社会和公司治理相关的事件。这有助于投资者更快速地了解和评估 ESG 风险和机会，从而作出更迅速的投资决策。（4）提高 ESG 数据质量。自动化数据分析可以帮助识别和纠正 ESG 数据中的错误和不准确性。这有助于提高数据的质量和可靠性，从而使投资者更有信心地依赖这些数据来进行投资决策。（5）量化 ESG 因素。AI 和 ML 技术可以帮助投资者量化 ESG 因素的影响，以更好地了解这些因素对公司绩效和估值的影响。这使投资者能够更精确地评估 ESG 因素在投资组合中的作用。（6）实时反馈。AI 和 ML 技术可以为投资者提供实时反馈，帮助他们监测投资组合的 ESG 表现。这有助于投资者更快速地调整其投资策略，以适应不断变化的市场和 ESG 条件。

综合来看，AI 和 ML 技术为投资者提供了更多的工具和资源，以更好地评估和理解 ESG 数据，提高数据透明度，以支持更明智的投资决策。个人投资者现在有更多机会利用这些先进的工具来提高他们的投资决策和增强可持续投资的效果。这些技术不仅可以加速信息的处理和分析，还可以帮助投资者更全面地了解可持续性数据，从而更好地应对市场的挑战。

第一，投资者可以利用 AI 工具进行数据分析。AI 工具可以分析大量的市场数据，并提供有关股票、债券、货币、商品等不同资产的趋势和预测。这可以帮助投资者更好地了解市场动态，并制定投资策略。同时，一些 AI 工具可以根据投资者的历史决策和反馈来不断学习，以改进其建议和预测。这有助于个人投资者不断提高其投资能力。

第二，投资者可以利用 AI 工具搭建量化投资策略。AI 工具可以用于开发和执行量化投资策略，这些策略基于数学模型和算法，可以帮助投资者自动化交易决策。这对于那些有兴趣尝试高频交易或市场套利的投资者特别有用。

第三，投资者可以利用 AI 工具进行情感分析。例如，AI 工具可以分析社交媒体、新闻文章和财经评论，以测量市场情感和情绪。这有助于投资者了解市场参与者的情感，以及市场可能出现的波动。

第四，投资者可以利用 AI 工具优化其投资组合。AI 工具可以帮助投资者优化他们的投资组合，以最大限度地降低风险，同时实现目标回报。这可以根据个人的投资目标和风险承受能力来进行定制。同时，AI 工具可以帮助投资者更好地管理风险，例如，通过建立止损订单、监控投资组合风险，以及提供警报和提醒来帮助投资者及时作出决策。

第五，投资者可以利用 AI 工具进行自动化交易。AI 工具可以用于自动执行交易策略，从而避免了情感驱动的决策和人为错误。自动化交易系统可以根据预定规则执行买入和卖出订单。

　　第六，即使利用 AI 工具，个人投资者仍然需要保持谨慎和自主判断。不应盲目依赖 AI 工具，而是将其作为决策的一个参考因素，并与自己的投资知识和目标相结合。此外，投资者也需要注意 AI 工具的局限性和风险，包括数据质量、模型不确定性和技术故障等方面。

◎ 参考文献

［1］ Avramov D., Cheng S., Lioui A., et al. Sustainable Investing with ESG Rating Uncertainty ［J］. Journal of Financial Economics, 2022, 145（2）: 642-664.

［2］ Berg F., Kölbel J. F., Rigobon R. Aggregate Confusion: The Divergence of ESG Ratings ［J］. Review of Finance, 2022, 26（6）: 1315-1344.

［3］ Bradley B. ESG Investing for Dummies ［M］. Canada: John Wiley & Sons, 2021.

［4］ Bril H., Kell G., Rasche A. Sustainable Investing: A Path to a New Horizon ［M］. New York: Routledge, 2020.

［5］ Christensen D. M., Serafeim G., Sikochi A. Why Is Corporate Virtue in the Eye of the Beholder? The Case of ESG Ratings ［J］. The Accounting Review, 2022, 97（1）: 147-175.

［6］ Döttling R., Kim S. Sustainability Preferences under Stress: Evidence from COVID-19 ［J/OL］. Journal of Financial and Quantitative Analysis, 2022, https://doi.org/10.1017/S0022109022001296.

［7］ Døskeland T., Pedersen L. J. T. Investing with Brain or Heart? A Field Experiment on Responsible Investment ［J］. Management Science, 2016, 62（6）: 1632-1644.

［8］ Edmans A. Does the Stock Market Fully Value Intangibles? Employee Satisfaction and Equity Prices ［J］. Journal of Financial Economics, 2011, 101（3）: 621-640.

［9］ Friede G. , Busch T. , Bassen A. ESG and Financial Performance: Aggregated Evidence from More than 2000 Empirical Studies ［J］. Journal of Sustainable Finance & Investment, 2015, 5 (4): 210-233.

［10］ Gibson Brandon R. , Krueger P. , Schmidt P. S. ESG Rating Disagreement and Stock Returns ［J］. Financial Analysts Journal, 2021, 77 (4): 104-127.

［11］ Gong B. , Pan D. , Shi D. New Investors and Bubbles: An Analysis of the Baosteel Call Warrant Bubble ［J］. Management Science, 2017, 63 (8): 2493-2508.

［12］ Huang J. , Xu N. , Yu H. Pollution and Performance: Do Investors Make Worse Trades on Hazy Days? ［J］. Management Science, 2020, 66 (10): 4455-4476.

［13］ Keeley T. Sustainable: Moving beyond ESG to Impact Investing ［M］. New York: Columbia University Press, 2022.

［14］ Kim S. , Yoon A. Analyzing Active Fund Managers' Commitment to ESG: Evidence from the United Nations Principles for Responsible Investment ［J］. Management Science, 2023, 69 (2): 741-758.

［15］ Larcker D. F. , Watts E. M. Where's the Greenium? ［J］. Journal of Accounting and Economics, 2020, 69 (2-3): 101312.

［16］ Moss A. , Naughton J. P. , Wang C. The Irrelevance of Environmental, Social, and Governance Disclosure to Retail Investors ［J/OL］. Management Science, 2023, https: //doi. org/10. 1287/mnsc. 2023. 4822.

［17］ Noe T. H. Investor Activism and Financial Market Structure ［J］. The Review of Financial Studies, 2002, 15 (1): 289-318.

［18］ Ozsoylev H. N. , Walden J. , Yavuz M. D. , et al. Investor Networks in the Stock Market ［J］. The Review of Financial Studies, 2014, 27 (5): 1323-1366.

［19］ Silvola H. , Landau T. Sustainable Investing: Beating the Market with ESG ［M］. Cham: Palgrave Macmillan, 2021.

［20］ 高扬，李杨洋，王耀君．中国绿色证券与传统金融市场风险传染机制研究［J］．管理工程学报，2023，37（6）：77-93.

［21］ 胡洁，于宪荣，韩一鸣．ESG 评级能否促进企业绿色转型？——基于多时点双重差分法的验证［J］．数量经济技术经济研究，2023，40（7）：90-111.

［22］［美］卡利·克罗辛斯基，索菲·彼得．三优投资：投资理论与实践的一场革命［M］．马险峰，王骏娴，秦二娃，译．北京：中国金融出版社，2018.

［23］ 雷雷，张大永，姬强．共同机构持股与企业 ESG 表现［J］．经济研究，2023，58（4）：133-151.

［24］ 凌爱凡，黄昕睿，谢林利等．突发性事件冲击下 ESG 投资对基金绩效的影响：理论与实证［J］．系统工程理论与实践，2023，43（5）：1300-1319.

［25］ 刘向强，杨晴晴，胡珺．ESG 评级分歧与股价同步性［J］．中国软科学，2023（8）：108-120.

［26］ 墨比尔斯，哈登伯格，科尼茨尼．ESG 投资［M］．范文仲，译．北京：中信出版集团股份有限公司，2021.

［27］ 潘玉坤，郭萌萌．空气污染压力下的企业 ESG 表现［J］．数量经济技术经济研究，2023，40（7）：112-132.

［28］ 孙晓华，车天琪，马雪娇．企业碳信息披露的迎合行为：识别、溢价损失与作用机制［J］．中国工业经济，2023（1）：132-150.

［29］ 谭劲松，黄仁玉，张京心．ESG 表现与企业风险——基于资源获取视角的解释［J］．管理科学，2022，35（5）：3-18.

［30］ 王宇哲，赵静．"用钱投票"：公众环境关注对不同产业资产价格的影响［J］．管理世界，2018，34（9）：46-57.

［31］ 席龙胜，赵辉．企业 ESG 表现影响盈余持续性的作用机理和数据检验［J］．管理评论，2022，34（9）：313-326.

［32］ 肖红军，张俊生，李伟阳．企业伪社会责任行为研究［J］．中国工业经

济，2013（6）：109-121.

［33］翟胜宝，程妍婷，许浩然等. 媒体关注与企业 ESG 信息披露质量［J］.
会计研究，2022（8）：59-71.

结　　论

本书介绍了可持续投资的概念和内涵，并且为开展可持续投资提供了理论依据，在此基础上构建出可持续投资方案，进而为可持续投资的执行过程提供建议。

本书从可持续投资的概念引入，指出可持续投资并不只是长期投资，而是需要将环境、社会和治理因素（ESG）纳入综合投资框架当中。当今金融市场快节奏、短视域的投机行为与长期可持续观点之间存在矛盾，投资者普遍追求短期价格回报而忽视长期价值创造。要完成从前者向后者的转换，投资者需要更深刻地理解可持续投资给各方带来的价值。可持续投资为那些在关心财务回报、渴望降低风险，想从不断变化的机遇中获益的同时，致力于实现环境、社会和治理改善的投资者提供了一个具体的行动途径。这不仅包括越来越多希望在资产配置中考虑社会、环境和治理因素的个人投资者，也包括越来越多意识到这些因素对公司业绩表现的影响与日俱增的机构投资者。本书指出政策制度支持、自然环境变化和投资者偏好是推动可持续投资不断发展的三股重要力量。可持续投资在快速发展的同时，也在成本效益权衡、数据和信息质量、投资产品宣传、绿色产业发展以及资金流向等方面存在挑战，留待各方在未来共同努力应对。

本书从市场、企业和社会三个维度分析了可持续投资带来的影响。从市场维度看，可持续投资对于资金流向、资源配置效率和投资者产生了诸多效用。资金流向的转变使得更多资源被配置于在环境、社会和治理方面表现良好的企业或项目。这不仅有助于提高长期投资效益，同时也为经济社会稳定发展奠定了基础。此外，可持续投资的推广使得投资者更加注重企业的可持续发展能力，进而推动企业更加健康、可持续地发展。从企业维度来看，可持续投资有助于企业提升盈余持续性，塑造良好的企业形象，增强创新与竞争力，优化供应链管理，提高风险防范和应对能力，强化环境与资源风险管理，改善公司治理，降低融资成本以及积极履行社会责任。从社会维度来看，可持续投资在劳动力市场和社会稳定性方面具有重要意义。它有助于维护劳动者的权益，提高劳动力市场的公平性和人力资源配置效率，为社会稳定提供坚实基础。同时，可持续投资也有助于实现社会各方联系紧密、相处和谐，为社会的长期稳定发展提供有力保障。综合前述内容，可持续投资不仅有助于实现企业和经济的发展，更是在促进社会和谐与稳定，保护环境和资源方面发挥着重要作用。因此，推动可持续投资发展，对于我国资本市场、企业以及社会的可持续发展均具有重要意义。

本书围绕构建多样化投资组合，设计可持续投资方案与策略展开了讨论。我们介绍了典型的可持续投资资产种类，包括绿色股票、可持续债券、可持续基金以及 ESG 银行理财。投资者可以通过了解各类投资工具，更好地把握可持续投资方向，满足多样化的投资需求。我们从宏观政策、可持续投资策略以及 ESG 分析指标三个角度为投资者提供建仓战略指引，有助于投资者在建仓前对可持续投资有更深入的理解和把握。我们还关注了可持续投资过程中的调仓战术问题。投资者可以围绕跟踪 ESG 指标、关注外部不确定性以及定期筛选的角度来设计和执行调仓策略，进而能够灵活应对市场变化，更好地实现投资目标。此外，我们还针对不同类型的投资者进行讨论，包括对 ESG 关心程度不同、对 ESG 表现偏好不同、对 ESG 风险偏好不同、参与公司治理程度不同、对股票基本面跟踪时间不同以及多元化持仓程度不同的投资者，以便投资者参考不同类型所对应的不同效果，作出更为明智的决策。

本书针对可持续投资的实践过程给出了要点提示及相关建议。我们主要从 ESG 评级、投资标的、市场环境、投资者自身以及信息与技术五个方面进行讨论。在 ESG 评级方面，首先投资者要关注 ESG 评级的可靠性，了解评级机构的方法学和数据来源，进而判断评级的真实性和客观性。其次，由于评级机构的范围差异、度量差异以及权重差异等原因，ESG 评级可能存在分歧并引发特定后果。此外，投资者还需处理 ESG 不同维度表现差异带来的选择问题。在投资标的方面，我们需要关注风格漂移、漂绿、碳信息披露"言过其实"以及共同机构持股可能带来的风险，这些风险都会影响投资的回报和可持续性。在市场环境方面，投资者需关注市场泡沫以及外部的不确定性。市场泡沫可能导致投资风险的累积，而新冠疫情等外部不确定性会对投资者的偏好和行为产生较大影响。因此，投资者需要保持谨慎的投资策略。在投资者自身层面，密切留意投资者通常会出现的过度自信、处置效应等问题。这些心理与行为可能导致投资者在市场波动时作出错误决策。为了克服这些问题，投资者应保持谦逊和谨慎的态度，积极自我反省。同时，投资者还需要谨慎权衡财富与道德，确保投资决策能够符合自身的价值观和道德标准。最后，我们从信息与技术的角度为投资者提供了改进可持续投资效果的建议。投资者应主动搜集相关信息，不断提高信息获取能力，特别是对于政策制度、生态指标和媒体报道给予更多的关注与分析。投资者还可以利用衍生工具、人工智能等技术手段丰富投资方式，提高可持续投资成效。

展望未来，我们有理由相信，随着政策制度的支持、市场环境的改善以及投资者意识的提升，可持续投资将迈入新的发展阶段。在政策引导与制度创新方面，政府应继续加大对可持续投资的扶持力度，通过制定相关政策、优化制度设计，引导资本市场可持续投资转型，推动绿色金融发展。在投资者教育与素养提升方面，应加强对投资者的可持续投资教育，提高其对 ESG 因素的认识和重视，培养具备可持续投资理念和能力的投资者群体。在产品创新与市场发展方面，鼓励金融机构研发更多具有可持续特征的投资产品，满足投资者多样化的需求，同时促进绿色产业的发展。在企业社会责任与可持续发展方面，推动企业更加重视 ESG 因素，完善公司治理结构，提升可持续发展能力，以提高市场竞争力，降低投资风险。在科技创新与数据支持方面，应加大科技创新力度，利用人工智能、大数据等技术手段，提高对可持续投资信息的获取和分析能力，为投资者提供更精准的决策依据。总之，推动可持续投资发展，实现经济、环境和社会的和谐共生，是市场各方的共同使命。让我们携手努力，共同书写可持续投资新篇章!